Nittam Chandel

Governação empenhada e Iniciativa Índia Digital

AF670252

Nittam Chandel

Governação empenhada e Iniciativa Índia Digital

ScienciaScripts

Imprint

Cover image: www.ingimage.com

This book is a translation from the original published under ISBN 978-620-2-09298-2.

Publisher:
Sciencia Scripts
is a trademark of
Dodo Books Indian Ocean Ltd. and OmniScriptum S.R.L publishing group

120 High Road, East Finchley, London, N2 9ED, United Kingdom
Str. Armeneasca 28/1, office 1, Chisinau MD-2012, Republic of Moldova, Europe
Printed at: see last page
ISBN: 978-620-8-12055-9

ÍNDICE DE CONTEÚDOS

Governação empenhada e Iniciativa Índia Digital: Uma estratégia para o crescimento inclusivo

Introdução

Nos últimos anos, a administração pública em todo o mundo tem sofrido alterações consideráveis. Isto também se aplica a uma nação em desenvolvimento como a Índia. Depois de ter alcançado a independência, a Índia tornou-se uma "república soberana, socialista, secular, democrática". O objetivo do governo era erradicar a pobreza, a desigualdade e a disparidade socioeconómica da sociedade. O Governo indiano lançou uma série de programas de proteção social, como o Programa de Desenvolvimento Comunitário (1952) e os Programas Nacionais de Extensão (1953). No entanto, estes programas não corresponderam às expectativas do governo e da população. As questões de governação destes programas foram estudadas pelo Comité Balwantrai Mehta que, na sua investigação, constatou a falta de envolvimento das pessoas nestes programas. Desde a independência, a participação das pessoas na administração tem sido mínima. No entanto, numa democracia, o povo é soberano e o governo eleito e os seus funcionários são funcionários públicos. O êxito da democracia depende da participação efectiva dos cidadãos na administração. No entanto, num país em desenvolvimento como a Índia, onde a sociedade está dividida horizontal e verticalmente e a população é complexa, é difícil conseguir um envolvimento efetivo das pessoas na governação.

Apesar disso, foram envidados esforços a vários níveis, incluindo a criação de instituições de autogoverno local com a aprovação de 73rd e 74th alterações constitucionais para o envolvimento das pessoas na governação em 1992. Os principais objectivos destas instituições eram o envolvimento das populações no "desenvolvimento socioeconómico" a nível das bases. Até certo ponto, estas instituições facilitaram o envolvimento das pessoas na administração. No entanto, nos anos seguintes, o país assistiu a um grande número de fraudes que reduziram a dignidade e o prestígio da administração e enfraqueceram a confiança das pessoas na administração. Os membros da sociedade civil, os grupos de pressão e vários partidos políticos exigiram uma maior "transparência e responsabilidade" por parte do governo e da administração. [nd] Na sequência das exigências constantes dos membros da sociedade civil e das instruções e ordens do Supremo Tribunal da Índia, o Governo da Índia, por recomendação da Comissão de Reforma Administrativa, promulgou a Lei sobre o Direito à Informação de 2005. O direito à informação é considerado básico e essencial para a democracia indiana, que não só garante a participação das pessoas, mas também uma administração transparente e responsável. É bem sabido que o direito à informação é necessário, mas não suficiente, para melhorar a governação.

Ao mesmo tempo que o governo promulgava leis para introduzir transparência e responsabilidade na administração, também promulgou várias iniciativas "centradas nas pessoas" para o envolvimento das pessoas na governação. A fim de transformar todo o ecossistema da administração e dos serviços públicos, foi decidido utilizar as tecnologias da informação e da comunicação (TIC) na prestação de serviços às pessoas. O Governo da Índia lançou o programa Digital India com o objetivo de transformar a Índia numa sociedade digitalmente capacitada e numa economia do conhecimento. A Índia Digital é uma campanha inclusiva que garante que os serviços públicos sejam disponibilizados aos cidadãos por via eletrónica, melhorando as infra-estruturas em linha e aumentando a conetividade à Internet ou tornando o país digitalmente capacitado no domínio da tecnologia.[1] O Digital India, um programa ambicioso do Governo da Índia, está projetado em Rs 1, 13,000 crores[2] de investimento com o objetivo de criar uma sociedade digitalmente capacitada e de levar a boa governação aos cidadãos através do envolvimento sincronizado e coordenado de todo o governo e das diferentes partes interessadas.

De facto, nos últimos tempos, a participação das diferentes partes interessadas passou a ser considerada uma condição necessária para promover a boa governação a nível mundial. O "desenvolvimento inclusivo, sustentável e resiliente", no âmbito dos novos Objectivos de Desenvolvimento Sustentável pós-2015, assenta na participação efectiva de um governo ativo, do sector privado e dos cidadãos. A Índia Digital é uma nova iniciativa do governo que envolve diferentes partes interessadas para transformar a governação no país, tornando-a mais transparente, responsável, acessível e participativa. O programa inclui vários projectos nos domínios da educação, da saúde, do desenvolvimento de infra-estruturas, etc., e da ligação de todas as instituições locais do país à Internet de alta velocidade, com o objetivo de transformar o país numa economia digitalmente capacitada. A aplicação da tecnologia tem sido considerada uma ferramenta vital para o desenvolvimento rural, a prestação de serviços públicos, o fornecimento de informações e dados em tempo real às pessoas, a transferência de benefícios dos regimes governamentais diretamente para as pessoas e a expansão dos serviços financeiros na Índia. A Índia digital não só capacita os cidadãos, mas também apoia a realização dos objectivos de desenvolvimento sustentável pós-2015 estabelecidos pelas Nações Unidas e adoptados pelo país, uma vez que envolve diferentes partes interessadas numa nova era de democracia digitalizada. Assim, a visão de uma nova abordagem de governação, ou seja, a Índia digital, é aberta, direta e deliberativa e facilita uma maior participação do governo, do sector privado e dos cidadãos.

Capítulo 1

Governação empenhada a nível das bases

A Índia independente nasceu da procura de um governo democrático estável que garantisse a liberdade de pensamento, de expressão, de crença, de fé e de culto, a igualdade de estatuto e de oportunidades, a fraternidade e o direito de participar na tomada de decisões políticas. Aparentemente, esta sede de liberdade, sob todas as formas, tem as suas raízes nas antigas instituições indianas. Vários registos históricos, livros e manuscritos indicam que, na Índia, existia um sistema bem estabelecido de governo autónomo local que se baseava num padrão definido de tradições e costumes seculares. Embora o atual sistema Panchayat não tenha qualquer relação direta com o sistema de autogoverno local rural que existia nos tempos antigos e medievais, grande parte da sua inspiração e da fé que as pessoas nele depositam hoje em dia derivam do sistema Panchayat do passado. O sistema indiano de administração local autónoma compreende essencialmente dois sub-sistemas - os organismos locais rurais (Panchayati Raj) e os organismos locais urbanos (corporações municipais, municípios, comités de área urbana e conselhos de cantonamento). Estes dois subsistemas são geridos pelos representantes eleitos pelo povo dos habitantes das aldeias, cidades e distritos, respetivamente. Os autogovernos locais na Índia, tanto rurais como urbanos, registaram muitos altos e baixos. Mas após as 73ª e 74ª Emendas Constitucionais de 1992, a autonomia local na Índia ganhou uma nova vida, uma vez que está consagrada na

A Constituição da Índia define os dois níveis superiores de governo, ou seja, os governos central e estadual. A Autonomia Local é o terceiro estrato do Governo, sendo os dois primeiros os Governos Central e Estatal. Após a aprovação da 73ª Emenda Constitucional em 1992, esperava-se que os Estados descentralizassem a sua autoridade para as instituições de auto-governo a nível local. O objetivo era levar a democracia ao nível das bases, de modo a que as pessoas gerissem os seus próprios assuntos a esse nível. Estas instituições facilitam o empenhamento das pessoas a nível das bases. Com efeito, a participação ativa das populações na planificação, na tomada de decisões, na execução e no sistema de execução acelera o processo de desenvolvimento a nível local.

Governação empenhada e empoderamento das mulheres

A Índia é a maior democracia do mundo e é uma potência económica emergente do século XXI. No entanto, a maior democracia do mundo manteve-se resiliente face à crise económica mundial; o país enfrenta um desafio crítico semelhante ao de vários outros países do BRICS - o elevado crescimento tem sido acompanhado pela persistência da pobreza e da desigualdade. O aumento da desigualdade entre homens e mulheres dificulta o progresso da Índia em relação aos objectivos de desenvolvimento. As mulheres continuam a ser excluídas dos domínios social, económico e político. De acordo com o PNUD, o índice de desigualdade entre homens e mulheres do país é de 0,563 no índice mundial (0,450) e situa-se em 135 lugares. A taxa de participação das mulheres é de 20,8 por cento em comparação com a dos homens, que é de 80,9 por cento (PNUD, 2015). Do mesmo modo, no domínio da educação, os homens também ultrapassam as mulheres. O aumento da desigualdade entre homens e mulheres prejudica o progresso da Índia em relação aos objectivos de desenvolvimento.

No entanto, o princípio da igualdade entre homens e mulheres e da atribuição de poderes às mulheres está consagrado na Constituição indiana no seu preâmbulo, nos direitos fundamentais, nos deveres fundamentais e nos princípios diretores da política do Estado. A Constituição não só garante a igualdade das mulheres, como também confere poderes ao Estado para adotar medidas de discriminação positiva a favor das mulheres. No quadro de uma política democrática, as nossas leis, políticas de desenvolvimento, planos e programas têm visado o progresso das mulheres em diferentes domínios. A partir do Quinto Plano Quinquenal (1974-78), registou-se uma mudança acentuada na abordagem das questões relativas às mulheres, que passaram do bem-estar para o desenvolvimento. Nos últimos anos, o empoderamento das mulheres foi reconhecido como a questão central para determinar o seu estatuto. A Comissão Nacional para as Mulheres foi criada por uma lei do Parlamento em 1990 para salvaguardar os direitos e as prerrogativas legais das mulheres. As 73ª e 74ª alterações (1993) à Constituição da Índia prevêem a reserva de lugares nos órgãos locais de Panchayats e Municípios para as mulheres, lançando uma base sólida para a sua participação na tomada de decisões a nível local".

A participação equitativa das mulheres na política e no governo é essencial para a construção e manutenção da democracia. No entanto, as mulheres no nosso país continuam a lutar arduamente pela igualdade de participação em todas as esferas, incluindo a política. É verdade que a tolerância das mulheres enquanto representantes eleitas é também um problema. Apesar de terem sido capacitadas através de meios constitucionais, as mulheres representantes continuam a não se empenhar na governação a nível local. Muitos interesses instalados tentam criar obstáculos ao bom funcionamento das instituições dos governos locais, tirando partido da ignorância das mulheres em matéria de competências de governação. A violação grosseira dos direitos humanos das mulheres representantes eleitas deve-se a uma mentalidade de estereótipos culturais que não aceita que uma mulher exerça o poder num "domínio masculino", especialmente as que pertencem a comunidades desfavorecidas. Outra causa infame desta violação é a do seu cônjuge, em que o cônjuge da mulher representante começa a gerir os assuntos da administração local e ela continua a ser uma candidata por procuração.

Disposições constitucionais para o empoderamento das mulheres

O mandato constitucional para a governação democrática a nível local (aldeia, município), consagrado nas 73ª e 74ª emendas, reconhece esse facto:

a. A governação centralizada subjugou a iniciativa e a participação locais;

b. O planeamento de cima para baixo conduziu a uma dependência entre os cidadãos, e esse crescimento continuou a excluir grandes grupos da sociedade (mulheres, tribos, atrasados, etc.);

c. A boa governação (responsável, transparente e livre de corrupção) só é possível quando os cidadãos têm a possibilidade de participar e praticar a tomada de decisões democráticas, na medida em que essas decisões afectam a qualidade das suas vidas.

Embora as leis relativas às alterações constitucionais 73 e 74 tenham sido saudadas como um marco importante no desenvolvimento constitucional, ao criarem uma base mais ampla para a democracia participativa e mais espaço para a participação política das mulheres na Índia. O quadro geral do empoderamento das mulheres na Índia pode também ser avaliado a partir do relatório sobre os Objectivos de Desenvolvimento do Milénio (ODM). Progressos da Índia na consecução dos Objectivos de Desenvolvimento do Milénio (ODM)[3] , os progressos realizados até à data têm sido mistos. A nação já atingiu o objetivo de reduzir para metade o rácio de pobreza e eliminou a desigualdade entre os sexos no ensino primário e secundário. No entanto, a percentagem de mulheres no emprego assalariado é de 18,6% a nível nacional e as estimativas correspondentes para a Índia rural e urbana são de 19,6% e

17,6%, respetivamente. Prevê-se que, a este ritmo de progresso, a percentagem de mulheres no emprego assalariado possa, na melhor das hipóteses, atingir um nível de cerca de 22,28% até 2015, o que está longe de ser o objetivo pretendido. A maior democracia do mundo tem apenas 65 representantes femininas dos 542 membros do Lok Sabha, enquanto há 31 representantes femininas nos 242 membros do Rajya Sabha, pelo que, atualmente, a proporção de lugares no Parlamento Nacional ocupados por mulheres é de apenas 12,24%, contra o objetivo de 50%. No entanto, tudo parece estar correto no papel, mas a realidade é outra: as mulheres representantes são privadas dos seus direitos e deveres. Proporcionar às mulheres representantes mais oportunidades e sistemas de apoio pode trazer sustentabilidade à governação.

Nova abordagem à governação empenhada

A governação empenhada é uma nova abordagem de governação em que o governo, a sociedade civil, os indivíduos e outras partes interessadas se empenham proactivamente na participação e gestão dos assuntos. As diferentes dimensões desta abordagem são as seguintes

1. Reinventar o sistema de governação

Na era neo-liberal, os governos de todo o mundo modificaram a forma como tradicionalmente operavam e definiam o seu papel na sociedade. As causas desta mudança são múltiplas e incluem a liberalização dos mercados, a globalização, a democratização e a difusão das tecnologias da informação e da comunicação. Cada um destes processos acelerou o ritmo de mudança dentro das sociedades e entre elas, aumentando a interdependência entre povos e entidades. Como resultado, as esferas de atividade e de interesse do governo, da sociedade civil e do sector privado têm vindo a sobrepor-se cada vez mais. Neste novo paradigma de governação, o papel do governo tem de ser mais transparente e participativo. A administração pública dos países em desenvolvimento, como a Índia, tem vindo a reconhecer cada vez mais a necessidade de melhorar a capacidade de governação. O processo de mudança deve "incentivar, envolver e integrar todos os indivíduos e partes interessadas a todos os níveis, ou seja, a nível operacional, de gestão e estratégico da governação".

2. Iniciativas de política científica e tecnológica

[st]A ciência e a tecnologia influenciaram grandemente os seres humanos, bem como a

administração pública no século XXI em todo o mundo. Aumentou a capacidade dos seres humanos de se empenharem no desenvolvimento socioeconómico do país. As pessoas precisam de ter acesso fácil não só às novas tecnologias, mas também a serviços como a educação, a saúde, o empreendedorismo e as oportunidades de emprego. A tecnologia atual na administração, ou seja, as tecnologias da informação e da comunicação (TIC), pode ser revolucionária na prestação de serviços públicos. A tecnologia pode facilitar a educação da mão de obra sobre várias questões socioeconómicas e também pode ajudar na elaboração de políticas de governação. Assim, tanto a tecnologia como a mão de obra podem contribuir mais para o desenvolvimento socioeconómico da sociedade através da participação na governação das políticas públicas.

3. Relação entre o governo e as partes interessadas

A falta de envolvimento significativo e efetivo dos cidadãos e de outras partes interessadas nos processos de tomada de decisão é um dos principais problemas com que se confrontam atualmente todas as organizações públicas. Embora os cidadãos da sociedade atual tenham certamente ganho influência quando os comparamos com os de ontem, observa-se, no entanto, um "défice de confiança entre as instituições e os cidadãos". Este défice de confiança entre os cidadãos e os seus governos prevalece em todo o mundo e está a aumentar de dia para dia. Só pode ser eliminado através de uma coexistência sustentável, do envolvimento, da participação em transacções e trocas básicas e da formação de grupos ou comités para atingir objectivos colectivos que não podem ser alcançados apenas pelos indivíduos. Por conseguinte, o governo deve procurar criar confiança entre todos os cidadãos e partes interessadas e permitir-lhes um papel mais proactivo na governação.

4. Promover uma governação legitimamente empenhada

A promoção de uma governação empenhada legítima refere-se aqui ao direito de participar

i. e. reconhecer e permitir o direito de uma pessoa participar no processo de tomada de decisões a todos os níveis de governação. De facto, os processos burocráticos, os estrangulamentos e o pensamento tradicional da sociedade criam obstáculos e privam-nos dos seus direitos legítimos. O envolvimento legítimo pode trazer "transparência, responsabilidade e eficácia na governação". A iniciativa de governação legitimamente empenhada pode ser alargada para alcançar o desenvolvimento humano global e os seres humanos devem estar no centro de todas essas iniciativas.

Governação empenhada através da governação digital na Índia

A evolução da governação digital na Índia remonta à década de 1970, quando o Governo indiano criou o Departamento de Eletrónica, seguido do Centro Nacional de Informática (NIC) em 1977 e da rede nacional de computadores por satélite em 1987. Com a ajuda destas instituições, foram iniciados vários projectos de governação eletrónica, nomeadamente o e-seva, o gyandoot, etc. Durante a década de 1990, as políticas económicas em todo o mundo dominaram os governos e a sua governação. A Índia também embarcou em novas políticas económicas no âmbito do novo mundo económico, ou seja, liberalização, privatização e globalização. Vários sectores da economia foram abertos ao sector privado e o investimento direto estrangeiro (IDE) foi igualmente aprovado. No sector das telecomunicações, com o grande interesse dos serviços do sector privado e de várias empresas multinacionais estrangeiras, a conetividade no país melhorou. Este facto levou o governo a prestar serviços sociais em linha. Durante este período, vários Estados lançaram as suas próprias iniciativas, para além do governo federal.

Governo aberto

Nos últimos tempos, os governos de todo o mundo estão a tomar várias iniciativas para tornar a administração mais transparente e orientada para as pessoas. Uma dessas reformas de próxima geração é a dos dados governamentais abertos. Os dados governamentais abertos são informações e dados recolhidos, produzidos e reproduzidos pelo governo ou por agências controladas pelo governo e disponibilizados gratuitamente para qualquer pessoa utilizar, reutilizar e redistribuir. De facto, os dados governamentais abertos desempenham um papel importante na transparência do sistema governamental. A transparência, que é um dos elementos essenciais da boa governação nos tempos modernos, é o grau em que uma instituição política ou administrativa divulga publicamente, em tempo oportuno, de forma fiável, exacta e compreensível, informações sobre as suas acções e processos, a fim de permitir que os eleitores, terceiros ou o próprio governo avaliem a entidade através dessas acções e processos. Promove a responsabilização e fornece informações aos cidadãos sobre o que o seu governo está a fazer. Também promove a colaboração, a participação e o envolvimento do público e permite que o governo e a administração tomem decisões mais eficazes e racionais.

Organizações internacionais como as Nações Unidas, o Banco Mundial e o FMI, etc., estão a insistir com os países membros para que introduzam transparência no seu sistema administrativo e adoptem tecnologias modernas para aumentar a eficiência do sistema. Para dar mais ênfase aos dados governamentais abertos, os "países do G8" assinaram uma carta que visa tornar os recursos de informação acessíveis, detectáveis e utilizáveis pelo público, o que pode ajudar a fomentar o empreendedorismo, a inovação e a descoberta científica.

Os dados governamentais abertos são informações e dados recolhidos, produzidos e reproduzidos pelo governo ou por agências controladas pelo governo e disponibilizados gratuitamente para que qualquer pessoa os possa utilizar, reutilizar e redistribuir. São considerados como o primeiro passo na direção da construção da administração pública eletrónica em qualquer país. A lógica subjacente aos dados governamentais abertos pode ser considerada dupla. Em primeiro lugar, os defensores afirmam que a disponibilização de dados governamentais ao público em formatos abertos aumenta a transparência e a responsabilidade do governo. Em segundo lugar, os dados abertos devem permitir que terceiros aproveitem o potencial dos dados governamentais através do desenvolvimento de aplicações e serviços que respondam às necessidades públicas e privadas.[4] Organizações internacionais como as Nações Unidas, o Banco Mundial e o FMI, etc., estão a insistir com os países membros para que introduzam transparência no seu sistema administrativo através da adoção de tecnologias modernas. Espera-se que, no século XXI, os dados abertos da administração pública proporcionem a colaboração, a participação e o empenhamento do público, o que pode permitir que o governo e a administração tomem decisões eficazes. Num esforço para tornar as instituições públicas mais inclusivas, eficazes, responsáveis e transparentes, como preconizado na Agenda 2030 para o Desenvolvimento Sustentável, muitos governos em todo o mundo estão a abrir os seus dados à informação e ao escrutínio públicos. A disponibilização gratuita de dados em linha também permite que o público - e várias organizações da sociedade civil - os reutilizem e remisturem para qualquer fim. Globalmente, em 2016, 128 dos 193 Estados-Membros da ONU disponibilizaram conjuntos de dados sobre as despesas públicas em formatos de leitura ótica. As principais caraterísticas dos dados governamentais abertos são:

- **Disponibilidade e acesso**: os dados devem estar disponíveis na sua totalidade e a um custo de reprodução não superior ao razoável, de preferência por descarregamento através da Internet. Os dados devem também estar disponíveis numa forma conveniente e modificável.
- **Reutilização e redistribuição**: os dados devem ser fornecidos em condições que permitam a reutilização e a redistribuição, incluindo a mistura com outros conjuntos de dados.
- **Participação universal**: todos devem poder utilizar, reutilizar e redistribuir - não deve haver discriminação em relação a domínios de atividade ou a pessoas ou grupos.[5]

Princípios dos dados governamentais abertos

Os dados governamentais são considerados abertos se forem tornados públicos de uma forma que cumpra os princípios abaixo indicados:

1. **Completo**: Todos os dados públicos são disponibilizados. Os dados públicos são dados que não estão sujeitos a limitações válidas de privacidade, segurança ou privilégio.
2. **Primários**: os dados são recolhidos na fonte, com o nível de granularidade mais elevado possível, e não em formas agregadas ou modificadas.
3. **Oportuno**: Os dados são disponibilizados tão rapidamente quanto necessário para preservar o valor dos dados.
4. **Acessíveis**: Os dados estão disponíveis para o mais vasto leque de utilizadores e para os mais diversos fins.
5. **Processamento automático**: Os dados estão razoavelmente estruturados para permitir o processamento automático.
6. **Não discriminatório**: Os dados estão disponíveis para qualquer pessoa, sem necessidade de registo.
7. **Não-proprietários**: Os dados estão disponíveis num formato sobre o qual nenhuma entidade tem controlo exclusivo.
8. **Sem licença**: Os dados não estão sujeitos a qualquer direito de autor, patente, marca registada ou regulamento de segredo comercial. Podem ser permitidas restrições razoáveis em matéria de privacidade, segurança e privilégios.[6]

O governo aberto é a doutrina governamental que defende que os cidadãos têm o direito de aceder aos documentos e procedimentos do governo para permitir um controlo público eficaz.[7] É melhor considerado como a técnica ou técnicas que dão efeito aos princípios de abertura e transparência. É agora um truísmo que os princípios são essenciais para o desenvolvimento de uma governação que seja responsável, que preste contas e que responda aos cidadãos. Esta perceção desenvolveu-se à luz do que alguns consideram ser o défice democrático na jurisdição nacional e supranacional: uma maior transparência tem sido vista como um corretivo para uma governação demasiado complexa e distante.[8]

Dados governamentais abertos

O empenhamento, a participação e a colaboração dos cidadãos com o governo são essenciais para promover uma maior abertura em relação à cultura do secretismo. O Governo da Índia tem, por conseguinte, seguido a política de libertar o seu potencial para o público em geral. Foi formulada uma nova política, ou seja, a Política Nacional de Partilha e Acessibilidade de Dados (NDSAP), que partilhou um grande número de conjuntos de dados governamentais, através do Portal de Dados da Índia (www.data.gov.in), em formato aberto, de vários departamentos para melhorar a prestação de informações governamentais, a transparência, a responsabilização e a participação do público na governação. A iniciativa de dados governamentais abertos da Índia foi lançada em conformidade com a Política Nacional de Partilha e Acessibilidade de Dados (NDSAP). A Política Nacional de Partilha de Dados e Acessibilidade (NDSAP) foi formulada para fornecer uma plataforma que permita o acesso proactivo e aberto aos dados gerados através de fundos públicos por vários Ministérios/Departamentos/Organizações do Governo da Índia. O seu objetivo é facultar o acesso a dados partilháveis pertencentes ao Governo em formato legível por máquina, juntamente com a sua informação de utilização, através de uma vasta área de rede em todo o país.[9] Para este efeito, o Governo da Índia criou a Rede Nacional de Fibra Ótica (NOFN)[10] , que proporciona conetividade a todas as 2 50 000 instituições de governação local rural do país.

Em outubro de 2012, a Índia iniciou o seu percurso de "dados governamentais abertos", abrindo o acesso a dados partilháveis detidos pelo governo em formatos legíveis por máquina para utilização do público em geral. Com o lançamento de www.data.gov.in , a Índia embarcou na sua jornada de dados governamentais abertos (OGD) em outubro de 2012 para alcançar os seguintes objectivos:-

a. Disponibilização de uma plataforma que permita o acesso proactivo e aberto aos dados gerados através de fundos públicos por departamentos e organizações do Governo da Índia.
b. Aumentar a transparência, a responsabilização, a participação dos cidadãos, a colaboração, a melhoria da governação, a tomada de decisões e a inovação.
c. Mudança de paradigma na governação - Prestação direta de serviços ao cidadão, criação de uma plataforma de colaboração, inovação na prestação de serviços ao cidadão.[11]

A plataforma de dados governamentais abertos (OGD) inclui um ponto único de acesso a conjuntos de dados abertos, um design de layout da Web reativo, uma plataforma de visualização melhorada, uma melhor experiência do utilizador e uma descoberta eficiente dos recursos, a catalogação de recursos semelhantes, API, catálogos de incorporação, widgets para partilhar um conjunto filtrado de catálogos, subscrição de catálogos, participação da comunidade através de fóruns, blogues, gráficos de informação e visualização e muito mais.

Fundamentação da administração pública aberta na Índia

O secretismo na administração indiana tem uma longa história. De facto, a herança do legado colonial da Índia Independente incluiu, entre outras coisas, a Lei dos Segredos Oficiais de 1923. Consequentemente, o Governo funciona sob um sigilo espesso e extenso. A prática de ocultar informações oficiais aos cidadãos levou Paul H. Appleby, o conhecido comentador americano sobre a administração indiana, a observar [nd]O novo governo ainda não se livrou de um secretismo arbitrário que priva desnecessariamente os professores universitários indianos e os cidadãos em geral de informações desejáveis".[12] De acordo com a Comissão de Reforma Administrativa, "a Lei dos Segredos Oficiais de 1923, promulgada durante a era colonial, rege todas as questões de secretismo e confidencialidade na governação". A confidencialidade tornou-se a norma e a divulgação a exceção. Esta tendência foi reforçada pelas Regras de Conduta da Função Pública de 1964, que proíbem a comunicação de um documento oficial a qualquer pessoa sem autorização. Por conseguinte, o secretismo no governo e nas instituições geridas pelo governo tornou-se uma fonte de má administração, assédio, nepotismo e corrupção que não só dificultam a governação como também aumentam o fosso entre o governo e os cidadãos. Mesmo em questões quotidianas de governação e de administração, as regras, os regulamentos e as ordens importantes são aprovados e executados pelas secções executivas do governo sem grande publicidade ou conhecimento público. De facto, a perceção popular é que a maior parte dos negócios e trabalhos do governo estão envoltos em segredo e confidencialidade, o que facilita a corrupção, o desperdício, a ineficiência, o abuso de poderes e vários outros actos de má administração.[13]

No início da década de 1990, duas mudanças varreram o mundo - a ênfase na boa governação, com uma participação crescente de entidades não governamentais na prestação de serviços públicos, e as tecnologias da informação e da comunicação (TIC) e as tecnologias da Internet, que potencialmente poderiam ligar todos e cada um em tempo real. O conceito de governo eletrónico ou governação eletrónica nasceu da fusão destes dois conceitos. A governação eletrónica marcou uma mudança de paradigma na filosofia da governação - centrada no cidadão em vez de centrada no processo e na participação pública em grande escala através das TIC.[14] Muitos Estados/UT iniciaram vários projectos de administração em linha. Embora estes projectos de administração em linha estivessem centrados no cidadão, o seu impacto foi menor do que o desejado. O Governo da Índia lançou o Plano Nacional de Governação Eletrónica (NeGP) em 2006. Foram iniciados 31 projectos de modo de missão que abrangem vários domínios.[15] A ideia destas iniciativas era aproximar mais o governo e o cidadão e tornar a administração mais aberta e transparente. Narender Modi[16] , no seu discurso sobre o "Suraj Sankalp", abordou muito corretamente os fundamentos da transparência e do governo aberto:

"Embora a transparência e a abertura pareçam ser a mesma coisa, no contexto da governação são conceitos muito diferentes. A transparência consiste em dar a conhecer às pessoas o que o governo está a fazer. Trata-se de fornecer informações sobre o que o governo fez, está a fazer e tenciona fazer. Em suma, a transparência consiste em dar a conhecer às pessoas as decisões tomadas e o processo de tomada de decisões. Mas abertura é envolver as pessoas, as partes interessadas no processo de tomada de decisões. Estas têm um papel a desempenhar no processo de tomada de decisões. Assim, a abertura pode levar à participação das pessoas. Esta abertura é a própria base da governação democrática. A transparência é o direito à informação, mas a abertura é o direito à participação. A boa governação e o pensamento coletivo são sinónimos. Assim, a abertura conduz à participação e a participação conduz ao pensamento coletivo. O pensamento coletivo ajuda a ajustar a máquina administrativa do Estado às mudanças sociopolíticas que reflectem a forma como os líderes exercem o seu poder na procura do bem-estar das pessoas. "

Transparência + Participação = Abertura

A abertura das operações governamentais está a aumentar na maior parte das democracias do mundo, incluindo a Índia. Na Índia, o Supremo Tribunal, no processo S.P. Gupta vs. Presidente da Índia, fez um forte apelo à abertura da administração pública. O Sr. Justice Bhagvati, falando em nome da maioria, afirmou que o governo aberto é uma nova cultura democrática da sociedade para a qual todas as democracias liberais estão a caminhar e o nosso país não deve ser exceção. A necessidade de dispor de uma lei que permita o acesso a todos os ficheiros, registos, relatórios, etc. do governo foi uma exigência popular durante muitos anos na Índia. A pressão pública era no sentido de uma maior "Glasnost" ou abertura na governação para se adequar à nova cultura dos governos democráticos em todo o mundo. A opinião generalizada é que só uma população bem informada pode evitar a ocorrência de fraudes e escândalos financeiros e outros actos de má administração".

Governação empenhada: Abordagem de todo o governo (WoG)

Uma nova tendência na administração pública em linha tem sido a evolução no sentido da prestação de serviços públicos integrados em linha através de plataformas únicas que permitem às pessoas aceder a uma série de serviços públicos em linha ou através de telemóveis, mediante uma identificação digital como o Aadhaar na Índia. Esta natureza integrada lançou uma nova luz sobre a necessidade de elaboração de políticas integradas. As políticas integradas e as abordagens "Whole-of-Government" (WoG) permitem ao governo prosseguir o desenvolvimento sustentável de forma mais eficaz, tendo em conta as inter-relações entre as dimensões económica, social e ambiental, bem como entre os sectores e subsectores visados pelos objectivos e metas. As práticas de participação e de e-participação contribuem para uma governação mais participativa, tornando as políticas mais centradas nas pessoas e mais eficazes. Este envolvimento está a ser facilitado pelo programa digital através da utilização de tecnologias digitais para prestar serviços às pessoas. As capacidades de governação eletrónica de uma nação são avaliadas em todo o mundo pelas classificações do inquérito da ONU sobre governação eletrónica. Os progressos na prestação de serviços em linha e as iniciativas de administração pública em linha dos 193 Estados membros das Nações Unidas foram analisados no Índice de Desenvolvimento da Administração Pública em Linha (EGDI). O índice de desenvolvimento da administração pública em linha é medido em termos da componente de serviços em linha, das infra-estruturas de telecomunicações e do índice de capital humano. O quadro 1 mostra que, em 2014, a Índia se classificou em 118.º lugar entre

184 países, enquanto em 2016 a classificação melhorou para 107.º lugar entre 196 países.

Quadro 1: Índice de desenvolvimento da administração pública eletrónica (EDGI) - Índia

Ano	Classificação	EGDI	Em linha Serviço Componente	Telecomunicações Infra-estruturas Componente	Humano Capital Componente
2014	118	0.3834	0.5433	0.1372	0.4698
2016	107	0.4637	0.7464	0.1430	0.5019

Fonte: Dados compilados a partir do Relatório sobre o EGDI 2014 e 2016

É evidente, a partir das informações do quadro 1, que se verificou um aumento da aplicação da administração pública eletrónica na Índia. Atualmente, o governo fornece informações públicas ou serviços em linha através de sítios Web de diferentes ministérios e departamentos. A aplicação da administração pública eletrónica garante que as instituições públicas sejam mais inclusivas, eficazes, responsáveis, transparentes e centradas no cidadão. De facto, a utilização de tecnologias modernas e o envolvimento dos cidadãos na participação de vários programas

Governação empenhada e e-Participação

A participação eletrónica é um conceito em evolução. Há muitas provas de que as tecnologias de participação eletrónica aumentam as oportunidades de participação cívica, incluindo maiores possibilidades de as pessoas participarem nos processos de tomada de decisões e na prestação de serviços para tornar as sociedades mais inclusivas. Ajudam a ligar "os cidadãos uns aos outros e aos seus representantes eleitos". A participação eletrónica pode ser definida "como o processo de envolvimento dos cidadãos através das TIC na conceção e prestação de políticas, decisões e serviços, a fim de os tornar participativos, inclusivos e deliberativos"[17] De acordo com o inquérito de 2016, o Reino Unido está classificado como líder mundial no índice de participação eletrónica, enquanto o Japão e a Austrália partilham o segundo lugar. Marrocos, Estónia, Singapura e Estados Unidos mantiveram posições elevadas entre o grupo dos 50 principais países e a Índia ocupa o 27.º lugar na participação eletrónica a nível mundial. O quadro 2 apresenta o índice de participação eletrónica de diferentes países

Quadro 2: Índice de participação eletrónica dos 50 principais países do mundo

Classificação	País	Classificação	País
1	Reino Unido	27	Alemanha
2	Japão	27	Noruega
2	Austrália	27	Índia
4	República da Coreia	27	Suécia
5	Países Baixos	32	Chile
5	Nova Zelândia	32	Emirados Árabes Unidos
7	Espanha	32	Barém
8	Singapura	32	Ucrânia
8	Canadá	34	Federação Russa
8	Itália	37	Brasil
8	Finlândia	37	Eslovénia
12	França	39	Uruguai
12	Estados Unidos da América	39	Mongólia
14	Áustria	39	Irlanda
14	México	39	Arábia Saudita
14	Polónia	43	Tunísia
17	Israel	43	Luxemburgo
17	Marrocos	43	Vietname
17	Lituânia	43	Bulgária
17	Montenegro	47	Malásia
17	Sérvia	47	Uzbequistão
22	Estónia	47	Azerbaijão
22	China	50	Portugal
22	Dinamarca	50	Sri Lanka
25	Malta	50	República da Moldávia
25	Croácia	50	Maurícia
27	Colômbia	50	Islândia

Fonte: Departamento de Assuntos Económicos e Sociais, Nações Unidas E-Inquérito Governamental, 2016, p. 56-57

Governação empenhada e participação eletrónica na Índia

Na Índia, a participação eletrónica é um conceito em evolução. As inovações e o desenvolvimento tecnológicos criaram um ambiente propício ao empenhamento cívico proactivo, às possibilidades e à conveniência de as pessoas participarem nos processos de tomada de decisões e na prestação de serviços, a fim de tornar as sociedades mais inclusivas.

1. G2G:Governo para Governo
2. G2C: Do governo para o cidadão
3. C2G: Do cidadão para o governo
4. G2B: Do governo para as empresas
5. B2G: Empresa para Governo
6. G2E: Do Governo para o Empregado
7. E2G: Do empregado ao governo

A participação eletrónica contribui para a promoção de sociedades mais inclusivas. Os cidadãos e outras partes interessadas utilizam os sítios Web como principal método de interação com a administração pública e preferem efetuar transacções públicas em linha. A participação eletrónica, vista em termos de e-informação, e-consulta e e-decisão, promove a participação cívica e a transparência na administração. No entanto, a participação eletrónica é mais frequente nos países desenvolvidos, uma vez que os cidadãos têm mais curiosidade em participar no processo de decisão política. Todas as acções do governo são colocadas em sítios Web e os cidadãos têm acesso permanente à informação. Nos países em desenvolvimento, como a Índia, as pessoas começaram a interagir com o governo, uma vez que cada vez mais instituições públicas começaram a publicar conteúdos em linha. A digitalização e a mudança dos mecanismos de prestação de serviços da administração pública para uma forma digital não só melhoraram a eficiência da administração como também facilitaram a interação dos cidadãos com a administração pública em linha. Os conteúdos em linha desenvolvidos são seguros e dinâmicos e facilitam aos cidadãos a determinação da sua elegibilidade para os serviços e também o processo de tomada de decisões. Muitos portais em linha de instituições públicas tornaram mais fácil e mais rápida a candidatura a esses serviços. Devido ao desenvolvimento das infra-estruturas, a Índia assistiu a um crescimento dramático do número de transacções em linha que envolvem os cidadãos e o governo. O número dessas transacções electrónicas tem aumentado de ano para ano. O número de transacções por categoria de serviço é apresentado no quadro 3 abaixo:-

Quadro 3: Transacções electrónicas por ano na Índia

S. Não.	Ano	N.º de transacções electrónicas	Média de Transacções por dia

1	2013	2,41,76,58,057	64,68,644
2	2014	3,57,70,13,076	96,42,812
3	2015	7,60,75,36,284	2,06,80,918
4	2016	10,89,80,95,156	2,96,12,795
5	2017	25,53,78,81,704	8,06,71,162
Total de transacções electrónicas		**50,03,81,84,277**	

Fonte: http://etaal.gov.in/etaal/YearlyChartIndex.aspx (Nov. 2017)

O quadro 3 mostra que, a partir de 2013, o número de transacções electrónicas aumentou consideravelmente. A transação eletrónica é uma transação de prestação de serviços públicos através da utilização de ferramentas TIC para melhorar o acesso, aumentar a transparência e reduzir o tempo de resposta. Além disso, as transacções electrónicas não se limitam a um Estado ou a um pequeno número de Estados, mas as pessoas que pertencem a todos os Estados e a áreas administradas a nível central estão a utilizar os serviços em linha de uma forma ou de outra. O quadro 4 apresenta os dados relativos às transacções electrónicas por 1000 habitantes durante o período de 2013 a 2016.

Quadro 4: Transacções por 1000 habitantes em função do Estado (2013- 2016)

S. Não	**Nome do Estado**	**População**	**Número de transacções electrónicas**	**Transacções electrónicas por 1000**
1	Andaman e Nicobar	3,79,944	3,83,836	1010.20
2	Andhra Pradesh	4,94,71,555	2,54,63,15,439	51470.30
3	Pradesh do Arunachal	13,82,611	4,32,725	313.00
4	Assam	3,11,69,272	4,67,92,395	1501.20
5	Bihar	10,38,04,637	5,48,29,179	528.20
6	Chandigarh	10,54,686	99,42,555	9427.00
7	Chhattisgarh	2,55,40,196	27,49,11,833	10763.90
8	Dadra e Nagar Haveli	3,42,853	54,17,012	15799.80
9	Damão e Diu	2,42,911	9,69,753	3992.20
10	Delhi	1,67,53,235	16,01,59,914	9559.90
11	Goa	14,57,723	39,63,498	2719.00
12	Gujarat	6,03,83,628	2,19,16,26,366	36295.00
13	Haryana	2,53,53,081	24,50,72,055	9666.40
14	Himachal Pradesh	68,56,509	6,91,91,559	10091.40
15	Jammu e Caxemira	1,25,48,926	86,97,770	693.10
16	Jharkhand	3,29,66,238	5,13,81,341	1558.60
17	Karnataka	6,11,30,704	24,21,77,817	3961.60
18	Kerala	3,33,87,677	1,39,31,33,241	41726.00
19	Lakshadweep	64,429	66,34,039	102966.70

20	Madhya Pradesh	7,25,97,565	1,37,65,90,098	18961.90
21	Maharashtra	11,23,72,972	45,46,52,960	4045.90
22	Manipur	27,21,756	35,20,219	1293.40
23	Meghalaya	29,64,007	2,29,53,654	7744.10
24	Mizoram	10,91,014	36,27,174	3324.60
25	Nagaland	19,80,602	32,74,043	1653.10
26	Odisha	4,19,47,358	11,42,03,123	2722.50
27	Puducherry	12,44,464	58,42,511	4694.80
28	Punjab	2,77,04,236	4,32,74,693	1562.00
29	Rajastão	6,86,21,012	26,96,83,390	3930.00
30	Sikkim	6,07,688	6,33,626	1042.70
31	Tamil Nadu	7,21,38,958	77,22,89,691	10705.60
32	Telangana	3,51,93,978	1,73,37,32,973	49262.20
33	Tripura	36,71,032	61,16,074	1666.00
34	Uttar Pradesh	19,95,81,477	1,18,68,94,793	5946.90
35	Uttarakhand	1,01,16,752	6,73,25,514	6654.90
36	Bengala Ocidental	9,13,47,736	25,63,89,746	2806.70
	Total	1,21,01,93,422	13,63,30,36,609	442060.8

Fonte: http://etaal.gov. in/etaal/PopReportCensus. aspx

Programa de Governação Envolvida e Índia Digital

A Índia é um dos maiores países em termos democráticos, demográficos e geográficos. Tem uma lacuna na utilização de serviços públicos para a sua grande população. O país está a enfrentar um grande número de problemas e questões como o desemprego, a pobreza, a educação, a saúde, a banca e as empresas, etc. Consequentemente, o Governo da Índia lançou várias iniciativas para ultrapassar estes problemas, com o objetivo de reduzir ao mínimo o governo e maximizar a governação através de uma enorme utilização das tecnologias da informação e da comunicação (TIC). Um desses programas é o Digital India, que é uma iniciativa global do governo. No âmbito desta iniciativa, foi lançado um grande número de programas e serviços com a ajuda das tecnologias da informação e da comunicação (TIC).

O Digital India é um programa ambicioso do Governo da Índia que tem como objetivo transformar a Índia numa sociedade digitalmente capacitada.[18] As áreas de incidência são: a criação de uma infraestrutura digital à escala nacional como um serviço de utilidade pública para todos os cidadãos, garantindo a governação e os serviços a pedido e a capacitação digital dos cidadãos. O programa "Digital India" foi lançado pelo Governo da Índia para melhorar as infra-estruturas e a governação em linha e oferecer aos cidadãos serviços governamentais em linha fáceis, bem como para fazer da Índia uma economia digitalmente capacitada no mundo. O programa foi lançado em 1 de julho de 2015.

Visão da Índia Digital

O programa Digital India é largamente influenciado pela visão do Primeiro-Ministro Modi de transformar a Índia numa sociedade digitalmente capacitada e numa economia do conhecimento a nível mundial. A tónica principal do programa é "ligar e capacitar 130 milhões de cidadãos; criar níveis sem precedentes de transparência e responsabilidade na governação; e tirar partido da tecnologia para uma educação de qualidade, cuidados de saúde, agricultura, inclusão financeira e capacitação dos cidadãos".

1. Infra-estruturas digitais como uma utilidade para todos os cidadãos[19]

A infraestrutura digital como utilidade para os cidadãos é uma componente essencial da Índia Digital.
Neste contexto, o programa deu grande importância aos seguintes domínios

a. Infra-estruturas

Uma nação bem conectada é um pré-requisito para uma nação bem servida. Quando os habitantes mais remotos das aldeias indianas estiverem ligados digitalmente através da banda larga e da Internet de alta velocidade, só então a prestação de serviços governamentais electrónicos a todos os cidadãos, os benefícios sociais específicos e a inclusão financeira poderão ser concretizados na realidade. Uma componente essencial desta visão é facilitar a prestação em linha de vários serviços através de centros de serviços comuns.

b. Internet de alta velocidade como um serviço básico

A tónica do programa é fornecer conetividade à Internet de alta velocidade em todo o país, através da implantação de infra-estruturas TIC, fibra ótica e opções de conetividade de última milha oferecidas pelas tecnologias sem fios, de uma forma acessível, fiável e competitiva.

c. Identidade digital do início ao fim

A identidade ideal é aquela que é única, singularmente suficiente, suficientemente robusta para impedir a duplicação e a falsificação de registos, fácil de autenticar digitalmente e de forma pouco dispendiosa, e vitalícia. Isto pode ser conseguido através de um número único de identidade conhecido como Aadhaar, um número de identificação individual de 12 dígitos emitido pela Autoridade de Identificação Única da Índia (UIDAI) em nome do Governo da Índia, que cumpre estes requisitos. Trata-se de uma identidade em linha, sem papel e a qualquer hora e em qualquer lugar, atribuída a um residente para cobrir toda a sua vida. A verificação da identidade é feita em linha com a ajuda de dispositivos de autenticação que se ligam ao Repositório Central de Identidade da Autoridade de Identificação Única da Índia (UIDAI) e dão uma resposta "sim" ou "não" à pergunta básica "A pessoa é quem diz ser?", com base nos dados demográficos e biométricos disponíveis na UIDAI. O Aadhaar no, que é fornecido pela UIDAI, é utilizado para estabelecer a identidade de um residente, a fim de garantir o acesso aos serviços e benefícios do governo

d. Participação no espaço digital e financeiro através de telemóveis e serviços bancários

O sector das telecomunicações indiano é o que regista o crescimento mais rápido do mundo. A penetração maciça e crescente dos telemóveis na Índia, especialmente nas zonas rurais, proporciona uma base pronta e generalizada para o acesso e a prestação de serviços públicos por via eletrónica. O acesso aos dados através dos telemóveis continua a ganhar popularidade, cerca de 80% dos utilizadores da Internet na Índia acedem à Internet através de dispositivos móveis. Este facto é muito promissor e apresenta um grande potencial para a administração pública eletrónica em geral e para a inclusão digital e financeira em particular. No domínio das comunicações móveis, o Departamento de Eletrónica e Tecnologias da Informação (DeITY) lançou o Mobile Seva, uma iniciativa revolucionária de governação móvel para toda a administração pública, que permite aos departamentos e agências governamentais de todo o país prestar serviços públicos aos cidadãos e às empresas através de dispositivos móveis em vários canais móveis, como SMS, USSD, aplicações móveis e voz, ou seja, IVRS. O "Pradhan Mantri Jan-DhanYojana" foi lançado como uma missão nacional que engloba uma abordagem integrada para promover a inclusão financeira global de todos os agregados familiares no país. O plano prevê o acesso universal a serviços bancários com, pelo menos, uma conta bancária de base por agregado familiar, a literacia financeira, o acesso ao crédito, aos seguros e às pensões. Prevê igualmente a canalização de todas as prestações do Estado para as contas bancárias dos beneficiários.

e. Fácil acesso a um Centro de Serviço Comum (CSC)

Implementados no âmbito do Plano Nacional de Governação Eletrónica (NeGP) formulado pelo Departamento de Eletrónica e Tecnologias da Informação (DeITY), os Centros de Serviços Comuns (CSC) são pontos de prestação de serviços de proximidade (quiosques), apoiados pelas TIC, a nível das aldeias, para a prestação de serviços públicos e privados nos domínios da agricultura, saúde, educação, entretenimento, banca, seguros, pensões, pagamentos de serviços públicos, etc.

f. Espaço privado partilhável numa nuvem pública

O acesso fácil e baseado na autenticação a um cacifo digital, ou seja, a um espaço privado partilhável numa nuvem pública, pode facilitar grandemente as transacções sem papel. Os cidadãos podem armazenar digitalmente documentos e certificados digitais emitidos pelo governo e partilhá-los com várias agências sem terem de apresentar ou enviar documentos físicos ou cópias.

g. Espaço cibernético seguro e protegido

O ciberespaço é o local onde residem, interagem e efectuam transacções todos os activos digitais em linha, protocolos, identidades, etc. É imperativo que o ciberespaço se torne seguro e protegido para todas as organizações e utilizadores. A Política Nacional de Segurança da Informação foi criada para proteger a informação e a infraestrutura da informação no ciberespaço, criar capacidades para prevenir e responder às ciberameaças, reduzir as vulnerabilidades e minimizar os danos causados por incidentes cibernéticos através de uma combinação de estruturas institucionais, pessoas, processos, tecnologia e cooperação.

2. Governação e serviços a pedido

Ao longo dos anos, vários governos da União e dos Estados empreenderam um grande número de iniciativas para inaugurar a era da administração pública eletrónica. Foram envidados esforços sustentados a vários níveis para melhorar a prestação de serviços públicos e simplificar o processo de acesso aos mesmos. A governação eletrónica na Índia tem evoluído de forma constante da informatização dos departamentos governamentais para iniciativas que englobam os pontos mais finos da governação, tais como a centralização no cidadão, a orientação para o serviço e a transparência, com o objetivo de tornar todos os serviços governamentais acessíveis ao homem comum na sua localidade, através de pontos de prestação de serviços comuns, e garantir a eficiência, a transparência e a fiabilidade desses serviços a custos acessíveis para satisfazer as necessidades básicas do homem comum". Seis elementos são cruciais para garantir que a governação e os serviços sejam disponibilizados a pedido de todos os cidadãos e outras partes interessadas no país. São eles

a. Serviços perfeitamente integrados entre departamentos ou jurisdições

O acesso a alguns serviços implica frequentemente documentos, aprovações e autorizações de autoridades exteriores ao departamento que presta o serviço. Atualmente, a tónica é colocada na disponibilização de uma janela única de acesso a esses serviços, de modo a que os cidadãos e as empresas poupem tempo e esforço nos vários departamentos ou jurisdições envolvidos.

b. Serviços disponíveis em tempo real a partir de plataformas em linha e móveis

Atualmente, a tónica é colocada na conceção de aplicações de administração em linha de modo a que a informação, os serviços e o mecanismo de tratamento de queixas estejam acessíveis em linha em tempo real e em todos os tipos de dispositivos de acesso, como computadores de secretária, computadores portáteis, tablets, telemóveis, etc. Mais de 1900 departamentos e agências governamentais em todo o país estão a utilizar a plataforma móvel para serviços móveis. Esta iniciativa ganhou o Prémio de Serviço Público das Nações Unidas de 2014. O Mobile Seva é um dos vencedores dos Prémios de Serviço Público das Nações Unidas (2014) na categoria "Promoção de abordagens de todo o governo na era da informação".

c. Todos os direitos dos cidadãos devem ser portáteis e estar disponíveis na nuvem

A flexibilidade, a agilidade, a rentabilidade e a transparência oferecidas pelas tecnologias de computação em nuvem devem ser tidas em conta aquando da conceção e do alojamento de aplicações. A fim de utilizar e aproveitar os benefícios da computação em nuvem, o Governo da Índia lançou uma iniciativa ambiciosa - "GI Cloud" - que foi designada por "MeghRaj". O objetivo desta iniciativa é acelerar a prestação de serviços electrónicos no país, optimizando simultaneamente as despesas do Governo com as TIC. A plataforma em nuvem pode alojar repositórios em linha para todos os direitos possíveis, proporcionando assim uma única fonte de verdade. Isto inclui áreas como o sistema de distribuição pública, os direitos BPL, as prestações do sector social, o GPL e outros subsídios, etc. A plataforma pode permitir o registo, a manutenção e a entrega automatizados dos direitos dos cidadãos ao abrigo de vários regimes governamentais. Isto permitirá a entrega destes direitos em qualquer lugar e a qualquer momento. Um cidadão que se mude para um novo local não perderá os seus direitos e não terá de passar por um processo moroso de registo e apresentação de novos documentos para continuar a receber os benefícios. O plano consiste em utilizar a plataforma de computação em nuvem para resolver o problema da portabilidade e garantir a continuidade dos direitos dos cidadãos em todo o país. Um marco importante foi alcançado em outubro de 2014 com o lançamento da portabilidade dos fundos de previdência através do Número Universal de Conta (UAN). Os trabalhadores não precisam agora de se preocupar com a transferência dos fundos existentes nas suas contas de previdência quando mudam de local de trabalho.

d. Serviços transformados digitalmente para melhorar a facilidade de fazer negócios

Abrir uma empresa, tratar de licenças de construção, obter eletricidade, registar propriedades, obter crédito, proteger os investidores, pagar impostos, negociar além-fronteiras, fazer cumprir contratos, resolver casos de insolvência e outras autorizações, etc., são as várias experiências que definem a facilidade ou dificuldade de fazer negócios num país. Os serviços públicos para as empresas devem ser transformados digitalmente para melhorar a facilidade de fazer negócios no país.

e. Tornar as transacções financeiras electrónicas e sem numerário

Os pagamentos electrónicos e as transferências de fundos têm a vantagem de serem direcionados e entregues diretamente aos beneficiários pretendidos sem o envolvimento de intermediários que, de outra forma, poderiam subverter o sistema. Do mesmo modo, os mecanismos em linha para o pagamento de taxas relativas a certos serviços públicos oferecem aos cidadãos um canal de pagamento transparente, convivial e rápido. Todas as transacções financeiras acima de um determinado limiar devem ser feitas por via eletrónica e sem numerário. A DeitY criou o PayGov India como um portal de pagamento centralizado para todos os departamentos e agências governamentais do país. É operado e mantido pela NSDL Database Management Ltd (NDML), uma subsidiária integral da National Securities Depository Limited (NSDL). O PayGov India está integrado de forma segura com os National and State Service Delivery Gateways (NSDG e SSDG) para permitir a partilha de informações entre bases de dados para uma prestação de serviços eficiente, e também com o Mobile Services Delivery Gateway (MSDG) no âmbito do Mobile Seva. Os cidadãos podem escolher entre uma série de opções de pagamento eletrónico, como o Net banking, cartão de crédito, cartão de débito, cartão/carteira pré-pago/dinheiro, Serviço de Pagamento Imediato (IMPS) e carteira móvel.

f. Utilização do Sistema de Informação Geoespacial (SIG) para o desenvolvimento e sistemas de apoio à decisão

Vários serviços governamentais podem ser oferecidos de uma forma melhor através da utilização adequada da tecnologia GIS nas aplicações de governação eletrónica. O Sistema Nacional de Informação Geoespacial (NGIS) facilita a integração de dados geoespaciais disponíveis em várias organizações, como a Survey of India, o Centro Nacional de Informática (NIC), a NRSA e o Ministério das Ciências da Terra (MoES), a fim de desenvolver uma plataforma GIS para aplicações de administração em linha que é utilizada em vários projectos de missão e outras iniciativas de administração em linha.

3. Capacitação digital dos cidadãos

O programa Digital India promete transformar a Índia numa sociedade digitalmente capacitada, centrando-se na literacia digital, nos recursos digitais e nas plataformas digitais de colaboração. Este programa coloca igualmente a tónica na literacia digital universal e na disponibilidade de recursos/serviços digitais nas línguas indianas.

a. Literacia digital universal

O empoderamento digital através da literacia digital assume uma importância primordial a nível individual para aproveitar verdadeira e plenamente o potencial do programa "Digital India". Proporciona aos cidadãos a capacidade de explorar plenamente as tecnologias digitais para se autonomizarem. Ajuda-os a procurar melhores oportunidades de subsistência e a tornarem-se economicamente seguros. Atualmente, a tónica é colocada na alfabetização eletrónica de, pelo menos, uma pessoa em cada agregado familiar. As infra-estruturas TIC de base criadas pelos governos central e estatal, como os CSC, podem desempenhar um papel fundamental para levar a literacia digital aos locais mais remotos do país. Para garantir que todos os panchayats do país disponham de conetividade de alta velocidade, o Department of Telecom (DoT) criou a Bharat Broadband Network Ltd. (BBNL) para implantar a Rede Nacional de Fibra Ótica (NOFN). A BBNL irá instalar o cabo de fibra ótica que termina em cada um dos 2 50 000 gram panchayats do país, fornecendo uma ligação de 100 Mbps que será utilizada como autoestrada da informação por todas as partes interessadas, a fim de garantir que a inclusão digital chegue a todas as aldeias do país.

b. Recursos digitais acessíveis a todos

Os recursos digitais são verdadeiramente universalmente acessíveis quando estão facilmente disponíveis e são navegáveis em todo o lado e por toda a gente. Os recursos abertos têm a vantagem de estarem disponíveis em grande escala e a baixo custo e também de serem amplamente utilizáveis e personalizáveis. Os recursos digitais criados ou implementados segundo estas linhas podem ser acedidos em qualquer lugar, em comparação com os recursos desenvolvidos a partir de sistemas proprietários. Os departamentos e agências proprietários têm a responsabilidade de assegurar que os seus recursos digitais são de elevada qualidade, de modo a que o acesso e a personalização não sejam problemáticos. A Política Nacional de Partilha de Dados e Acessibilidade (NDSAP) exige que as organizações governamentais libertem proactivamente os seus conjuntos de dados num formato aberto. A implementação da NDSAP na Índia está a ser feita pelo Centro Nacional de Informática (NIC), uma agência do Departamento de Eletrónica e Tecnologias da Informação (DeitY), através da Plataforma Governamental Aberta para a Índia, que fornece um ponto único de acesso a todos os conjuntos de dados em formato aberto publicados por diferentes departamentos governamentais. No âmbito do programa "Digital India", o governo está empenhado em facultar o acesso a recursos digitais a cidadãos com necessidades especiais, como os que têm deficiências visuais ou auditivas (que podem ser parciais ou totais), deficiências de aprendizagem ou cognitivas, deficiências físicas que impedem o funcionamento de dispositivos de acesso ubíquo, como telefones, tablets e computadores.

c. Todos os documentos e certificados devem estar disponíveis na nuvem

Não se deve pedir aos cidadãos que forneçam documentos ou certificados do Estado que já estejam disponíveis em algum departamento ou instituição do governo, em formato físico. Deve também ser garantida a portabilidade de todos os documentos electrónicos. A título de exemplo, as instituições de ensino devem assegurar que todos os seus diplomas e certificados sejam digitalizados e mantidos em repositórios em linha com protocolos de acesso adequados.

d. Disponibilidade de recursos e serviços digitais nas línguas indianas

A Índia tem uma diversidade notável em termos de línguas escritas e faladas em diferentes partes do país. Existem 22 línguas oficiais e 12 escritas. O conhecimento do inglês está limitado a uma parte muito pequena da população do país. O resto da população não consegue frequentemente aceder ou compreender os recursos digitais que estão disponíveis principalmente em inglês. No âmbito do programa "Digital India", foi lançado um novo projeto de missão denominado "e- Bhasha" para ajudar a desenvolver e divulgar conteúdos digitais nas línguas locais para a população indiana que, na sua maioria, não fala inglês.

e. Plataformas digitais colaborativas para uma governação participativa

Tradicionalmente, as plataformas digitais têm sido utilizadas para a divulgação de informações e a prestação de serviços aos utilizadores. Através destas plataformas, o governo podia estabelecer comunicação com os cidadãos, embora esta fosse maioritariamente unidirecional. As plataformas digitais, com o necessário impulso dos desenvolvimentos tecnológicos, atingiram a maioridade e podem agora facilitar aos departamentos governamentais uma comunicação e interação eficazes com os cidadãos nos dois sentidos. As plataformas que são mais colaborativas facilitam uma maior participação dos utilizadores. Em vez de se dirigir aos cidadãos de vez em quando, o governo pode estar em contacto com eles 24 horas por dia através de plataformas digitais, o que facilitaria a governação participativa.

O objetivo da Índia digital não é apenas fornecer infra-estruturas digitais, prestação de serviços, governação a pedido ou capacitação dos cidadãos, mas também reduzir o desequilíbrio das importações. A Índia é um mercado em rápido crescimento para os produtos electrónicos. Estima-se que a procura de produtos e sistemas electrónicos na Índia aumentará para cerca de 400 mil milhões de dólares até 2020. Esta caraterística da economia oferece amplas possibilidades, em termos de procura no mercado, para o fabrico de produtos electrónicos na Índia. [20] A produção de artigos electrónicos utilizados por diferentes sectores não é suficiente para o país e grande parte da procura é satisfeita através da exportação de diferentes países. Contudo, nos últimos tempos, no âmbito das iniciativas governamentais "make in India", a produção no sector da eletrónica aumentou ao longo do tempo. O quadro 5 apresenta uma panorâmica da produção no sector da eletrónica na Índia durante os períodos de 2013-17.

Quadro 5: Produção no sector da eletrónica na Índia 2013-17

Valores em rupias (crore)

S.N.	Item	2012-13	2013-14	2014-15	2015-16	2016-17
1	**Eletrónica de consumo**	40474	47599	55806	55765	64752
2	**Industrial Eletrónica**	25800	33600	39374	45083	62214
3	**Automóvel Eletrónica**	5229	7278	NA	NA	NA
4	**Computador Hardware**	9376	17484	18691	19885	20879
5	**Telemóveis**	34600	26650	18900	54000	94000
6	**Eletrónica estratégica**	9000	13800	15700	18055	20760
7	**Componentes electrónicos**	26645	32102	39723	45383	52099
8	**Emissão de luz Díodos**	1275	1941	2172	5092	7134

Fonte: Relatório sobre Eletrónica e TI 2016-17, Ministério da Eletrónica e das Tecnologias da Informação, Governo da Índia

A indústria eletrónica é uma das maiores indústrias transformadoras do mundo e a que regista um crescimento mais rápido. A produção total de equipamentos electrónicos do mundo durante o ano de 2014 foi estimada em cerca de 2,0 biliões de dólares e a produção total de hardware eletrónico da Índia em 2014-15 está estimada em 32,46 mil milhões de dólares. A participação da Índia na produção mundial de hardware eletrónico é de 1,5 por cento e a contribuição para o Produto Interno Bruto (PIB) do país foi de 1,7 por cento. Embora em muitos outros países a contribuição da indústria eletrónica para o Produto Interno Bruto (PIB) seja significativa. Por exemplo, contribui com 15,5% para o PIB em Taiwan, 15,1% na Coreia do Sul e 12,7% na China. Assim, no seu conjunto, a indústria eletrónica indiana não apresenta uma imagem forte. A Índia é considerada uma superpotência na indústria de software; no entanto, na eletrónica de hardware, o país depende em grande medida dos equipamentos exportados.

Quadro 6: Hardware eletrónico na Índia, 2014-15

S.	Parâmetro	Valor (US $ bilhões)
1	Produção (Receitas)	32.7
2	Exportações	6.0
3	Importações	36.9

Fonte: Estratégia Make in India para produtos electrónicos, NITI Aayog, Governo da Índia, maio de 2016, P 2

O quadro 6 apresenta uma imagem clara de que o país depende em grande medida das importações de hardware eletrónico. Com 6 mil milhões de dólares, a Índia tem menos de 1% de quota nos mercados mundiais. Tendo em conta o cenário geral, uma das principais caraterísticas do programa "Índia digital" é reduzir as exportações para zero até 2020.

Índia Digital - Pilares do programa

O programa "Digital India" é uma abordagem multidimensional da governação que não só fornece infra-estruturas para a governação, mas também envolve diferentes partes interessadas, ou seja, o governo, a indústria e os cidadãos, na construção de uma economia do conhecimento no país. O programa "Digital India" é um programa global que abrange vários ministérios e departamentos governamentais. Reúne um grande número de ideias e pensamentos numa visão única e abrangente, de modo a que cada um deles possa ser implementado como parte de um objetivo maior. Cada elemento individual é autónomo, mas também faz parte de um quadro mais vasto. A Índia Digital deve ser implementada por todo o Governo, sendo a coordenação geral assegurada pelo Departamento de Eletrónica e Tecnologias da Informação (DeitY). A Índia Digital visa dar o impulso necessário aos nove pilares das áreas de crescimento, nomeadamente as auto-estradas de banda larga, o acesso universal à conetividade móvel, o programa de acesso público à Internet, a governação eletrónica, a reforma da administração pública através da tecnologia, a prestação eletrónica de serviços (e-Kranti), a informação para todos, o fabrico de produtos electrónicos, as tecnologias da informação para o emprego e os programas de colheita antecipada. Cada um destes domínios constitui um programa complexo em si mesmo e abrange vários ministérios e departamentos.[21]

Capítulo 2

1. Auto-estradas de banda larga

O principal objetivo do programa é fornecer cobertura de banda larga de alta velocidade a todas as 250 000 aldeias do país, a vários departamentos governamentais, universidades, etc. Além disso, a Infra-Estrutura Nacional de Informação (NII) foi encarregada de integrar a rede e a infraestrutura de computação em nuvem no país, de modo a fornecer conetividade de alta velocidade a vários departamentos governamentais. Além disso, redes como a rede estatal de grande extensão (SWAN), a rede nacional do conhecimento (NKN), a rede nacional de fibra ótica (NOFN), a rede governamental de utilizadores (GUN) e a nuvem Megh Raj são também elementos fundamentais deste programa.

2. Acesso universal à conetividade móvel

Atualmente, existem cerca de 55.619 aldeias na Índia que não têm cobertura móvel. Para cobrir as aldeias remotas do nordeste, foi iniciado um plano de desenvolvimento global no âmbito do programa Digital India.

3. Programa de acesso público à Internet

O princípio subjacente a esta iniciativa consiste em tornar operacionais 250 000 Centros de Serviços Comuns (CSC) a nível de Gram Panchayat para a prestação de serviços públicos. Numa iniciativa semelhante, 150 000 estações de correio foram convertidas em centros multi-serviços.

4. Governação eletrónica: Reformar a administração pública através da tecnologia

A ideia é utilizar a reengenharia dos processos empresariais para transformar os processos governamentais e torná-los simples, automatizados e eficientes. Neste contexto, os formulários serão simplificados e apenas serão recolhidas as informações mínimas e necessárias. Do mesmo modo, será criado um processo de acompanhamento do estado das candidaturas em linha. Para simplificar ainda mais o processo, é incentivada a utilização de repositórios em linha para certificados, diplomas de ensino e documentos de identidade, de modo a que estes documentos não tenham de ser apresentados em formato físico.

5. E- Kranti - Prestação eletrónica de serviços

No âmbito do e-Kranti, a tónica é colocada na utilização da tecnologia para a prestação de serviços, tais como a educação em linha, os cuidados de saúde em linha, a tecnologia para o planeamento, a inclusão financeira, o desenvolvimento de "infra-estruturas TIC a pedido", "nuvem por defeito", "mobilidade em primeiro lugar", "aprovações rápidas", "normas e protocolos obrigatórios", "localização linguística", "SIG nacional (sistema de informação geo-espacial)", "segurança e preservação de dados electrónicos". Assim, foi adoptada uma abordagem global no âmbito da Índia digital.

6. Informação para todos

No âmbito desta iniciativa, o acesso aberto à informação e aos documentos da administração pública está disponível em linha. Facilitará a comunicação bidirecional entre os cidadãos e o governo através de plataformas em linha e dos meios de comunicação social, por exemplo, MyGov.in, uma plataforma para a participação dos cidadãos na governação, como meio para trocar ideias ou sugestões com o governo.

7. Fabrico de produtos electrónicos

No âmbito deste programa, o objetivo é atingir zero importações líquidas até 2020 através da implementação em áreas como a tributação, as economias de escala, o desenvolvimento de competências, os contratos públicos, etc.

8. TI para empregos

A Digital India proporcionará as competências e a formação necessárias para que os jovens possam encontrar emprego no sector das tecnologias da informação.

9. Programas de colheita antecipada

Estes programas de colheita antecipada consistem numa série de projectos que foram realizados num curto espaço de tempo. Estes incluem uma plataforma informática para mensagens, saudações electrónicas do governo, atendimento biométrico e Wi-Fi em todas as universidades e colégios do país.[22] Os nove pilares da Índia digital são os seguintes

Digital India - Pilares do programa		
1	**Banda larga Autoestrada**	**- Ligar todas as 250 000 aldeias - Ligação de vários departamentos governamentais, universidades, etc. e Infra-estruturas de informação integradas com a integração da Rede Estatal de Área Ampla (SWAN), da Rede Nacional de Conhecimento (NKN) e da Rede Nacional de Fibra Ótica (NOFN)**
2	**Acesso universal ao telemóvel**	**- Conectividade móvel a cerca de 42 300 aldeias que não dispõem de cobertura móvel**
3	**Internet pública Programa de acesso (PIAP)**	**- Prestação de serviços às populações através da abertura de centros de serviços comuns 250 000 CSC a nível de gram Panchayat e de estações de correio (150 000 estações de correio)**
4	**Governação eletrónica**	**- Aplicação da tecnologia na governação - Prestação de serviços através da plataforma Aadhaar Gateway e Mobile Seva, - Partilha de dados através de interfaces de programação de aplicações (API) abertas e middleware, como os gateways de prestação de serviços nacionais e estatais.**
5	**E-Kranti**	**- Transformação e integração dos serviços electrónicos - "Reengenharia dos processos governamentais (RPG) obrigatória em todos os PMM", "Infra-estruturas TIC a pedido", "Nuvem por defeito", "Prioridade à mobilidade", "Aprovações aceleradas", "Normas e protocolos obrigatórios", "Localização linguística", "Sistema nacional de informação geo-espacial (SIG)", "Segurança e preservação dos dados electrónicos - - 44 projectos de missão no âmbito do e-Kranti nos domínios da agricultura, saúde, educação, transportes rodoviários, desenvolvimento rural, sistema de distribuição pública, seguros, banca, passaportes, vistos, correio indiano, etc.**
6	**Informação para todos**	**- A iniciativa proporciona um acesso aberto a informações e documentos governamentais em linha a diferentes partes interessadas. Além disso, também facilita a comunicação bidirecional entre os cidadãos e o governo através de plataformas em linha e de plataformas de redes sociais.**
7	**Eletrónica Fabrico**	**- Zero importações líquidas até 2020**
8	**TI para empregos**	**- No âmbito desta iniciativa, serão ministradas aos jovens desempregados as competências e a formação necessárias para que possam aceder a empregos no sector das TI**

9	Programas de colheita precoce	- Plataforma informática para mensagens, saudações electrónicas do governo, assiduidade biométrica, Wi-Fi em todas as universidades, etc.

Administração e gestão da Índia digital[23]

O êxito de qualquer programa depende de uma gestão correta do mesmo. É o caso da Índia Digital a diferentes níveis da administração. Foi concebido um mecanismo sólido para gerir os assuntos no âmbito deste programa da seguinte forma

1. **O Presidente** do Comité de Acompanhamento da Índia Digital é o Primeiro-Ministro
2. **Membros**: Foram nomeados alguns ministros como membros do Comité de Acompanhamento, a saber
   a. Ministro das Finanças
   b. Ministro das Comunicações e das Tecnologias da Informação
   c. Ministro do Desenvolvimento Rural
   d. Ministro do Desenvolvimento dos Recursos Humanos
   e. Ministro da Saúde
2. **Grupo Consultivo para a Índia Digital:-**

Foi criado um grupo de conselheiros para assistir o comité de acompanhamento, que é presidido pelo Ministro das Comunicações e das TI, e um comité de cúpula presidido pelo Secretário de Estado. Este comité fornece apoio técnico, de secretariado e de acompanhamento e assegura igualmente a execução eficaz dos vários projectos no âmbito da Índia digital pelos departamentos responsáveis pela execução.

3. **Um comité de cúpula** presidido pelo Secretário de Estado do Governo da Índia e por outros secretários do Governo

Um Grupo Consultivo para a Índia Digital, presidido pelo Ministro das Comunicações e das TI, para solicitar os pontos de vista das partes interessadas externas e fornecer contributos ao Comité de Acompanhamento para a Índia Digital, aconselhar o Governo sobre questões políticas e intervenções estratégicas necessárias para acelerar a execução do Programa para a Índia Digital nos ministérios e departamentos da administração central e estatal. O Comité de cúpula, chefiado pelo Secretário do Governo, supervisiona o programa e fornece orientações políticas e estratégicas para a sua execução e resolve questões interministeriais. Além disso, harmoniza e integra diversas iniciativas e aspectos relacionados com a integração de serviços, a reengenharia de processos de ponta a ponta e os níveis de serviço das PMF e outras iniciativas no âmbito do programa "Índia Digital", sempre que necessário. Para além destas disposições, o Comité de Financiamento das Despesas (EFC) e o Comité de Despesas Não Planeadas (CNE) aprovam projectos de acordo com a delegação de poderes financeiros existente. O Ministério da Comunicação e das Tecnologias da Informação actua como um ministério nodal para a execução deste programa.

De igual modo, foi criado um mecanismo institucional para a execução adequada do programa "Digital India" a nível estatal. O Comité Estatal para a Índia Digital é presidido pelo Ministro-Chefe do Estado, enquanto os Comités de Topo para a Índia Digital são presididos pelo Secretário-Chefe.

Índia Digital: Uma avaliação

A agenda económica da Índia, tal como definida pelo governo, centra-se em grande medida na revitalização económica e no crescimento inclusivo. O seu objetivo é concretizá-lo através da capacitação financeira dos cidadãos, da concentração no desenvolvimento industrial e da redução da corrupção nos subsídios através da utilização de tecnologias digitais. A agenda tem os seguintes pontos de ação: eliminação da pobreza, contenção da inflação alimentar, reformas agrícolas, cooperação entre o centro e os Estados, prestação transparente e atempada de serviços públicos, governação eletrónica e governação através de dispositivos móveis, facilidade de fazer negócios, criação de emprego e desenvolvimento de infra-estruturas. Para atingir estes objectivos, o governo lançou várias campanhas de grande escala ou programas emblemáticos. Iniciativas emblemáticas como o JAM (Jan-Dhan Yojana, Aadhar, telemóvel), DBT (Diret Benefit Transfer), PM's Bima Yojana, cidades inteligentes, etc., receberam um impulso significativo. O Jan-Dhan foi aclamado internacionalmente ao estabelecer o recorde mundial do maior número de contas bancárias abertas no âmbito de um programa de inclusão financeira no país. O alcance destes programas junto das massas foi possível graças à utilização de canais tecnológicos. Além disso, foram também iniciadas reformas dos subsídios com o objetivo de reduzir os encargos para a economia e garantir que o benefício dos subsídios chegue às pessoas certas. No âmbito do regime PAHAL, por exemplo, os subsídios ao GPL podem ser transferidos diretamente para as contas bancárias do proprietário efetivo da ligação de gás, o que é verificado através do e-KYC (Know Your Customer - um método de autenticação baseado no Aadhaar). Prevê-se que o programa Aadhar atinja mil milhões de inscrições até dezembro de 2015. O programa Jan-Dhan recebeu

15 milhões de inscrições no próprio dia de abertura e atingiu 115 milhões de inscrições até 17 de janeiro de 20154. Isto só foi possível graças à utilização da automatização tecnológica para a gestão de dados e a um sistema bancário centralizado, que também reduziu o custo das operações nas zonas rurais. Dado que mais de 700 milhões de indianos têm ligações móveis, o próximo passo é permitir que os cidadãos efectuem transacções com o governo através de canais em linha ou móveis. É, portanto, vital que as pessoas e os processos sejam colocados numa plataforma tecnológica e de serviços comum e integrada. O principal facilitador neste domínio é a tecnologia. Só através da tecnologia é possível integrar e aceder sem problemas a documentos, registos de transacções, contas bancárias e identidades. A Índia Digital foi introduzida para garantir a implementação harmoniosa da administração pública eletrónica no país e transformar todo o ecossistema dos serviços públicos através da utilização das tecnologias da informação. Não há melhor maneira de promover o crescimento inclusivo do que através da capacitação dos cidadãos. Algumas das iniciativas no âmbito da Índia Digital são as seguintes

A Índia digital e o ensino superior: Transformar a aprendizagem através da tecnologia

O Ministério do Desenvolvimento dos Recursos Humanos introduziu o programa **e-Pathshala** para promover a "aprendizagem em movimento" entre estudantes, professores e pais. Através desta iniciativa, os estudantes do 1° ao 12° ano têm acesso gratuito aos livros do Conselho Nacional de Investigação e Formação Educacional (NCERT). Estes livros estão disponíveis tanto em hindi como em inglês.[14] Do mesmo modo, **o SWAYAM**, ou portal indiano do **Massive Open Online Course (MOOC),** é uma iniciativa do governo central para digitalizar o sistema educativo e chegar às zonas remotas. O portal Swayam oferece cursos em linha gratuitos e 32 canais Swayam DTH em todo o país. Este portal oferece acesso aberto aos professores e aos estudantes que não têm acesso à educação e fornece conteúdos electrónicos de alta qualidade a todas as faculdades e universidades e aos estudantes, sem custos.

Programa Índia Inteligente

O programa Smart City do Governo da Índia é uma estratégia importante para alcançar uma iniciativa sustentável, inclusiva e de colaboração entre os governos federal e estatal. A tónica do programa é criar uma rede de SMART - Smart Water and Waste Management, Clean Energy, IT and Communications, Buildings, Education, Health, and Security and Safety governance arrangements - Cities no país e também melhorar a qualidade de vida das pessoas através do aproveitamento da tecnologia, especialmente da tecnologia que conduz a resultados inteligentes.

Plataforma E- Biz

O portal e-Biz é um dos projectos de serviços integrados e faz parte dos 31 Projectos de Modo de Missão (MMP) no âmbito do Plano Nacional de Governação Eletrónica (NEGP) do Governo da Índia. O e-Biz está a ser implementado pela Infosys Technologies Limited (Infosys) sob a orientação e a égide do Departamento de Política e Promoção Industrial (DIPP), Ministério do Comércio e da Indústria, Governo da Índia. O objetivo do eBiz é melhorar o ambiente empresarial no país, permitindo um acesso rápido e eficiente aos serviços entre governos e empresas (G2B) através de um portal em linha.[24] A iniciativa tem por objetivo fornecer às entidades empresariais serviços abrangentes entre governos e empresas (G2B) com transparência, rapidez e segurança. O objetivo é reduzir os vários níveis de pontos de contacto entre as entidades empresariais e as agências governamentais, estabelecer serviços de balcão único e reduzir o peso das obrigações, de modo a facilitar a realização de negócios no país.

Iniciativa de computação em nuvem - Meghraj

Os serviços de computação em nuvem fornecem aos utilizadores uma plataforma como serviço (PaaS), uma infraestrutura como serviço (IaaS), um software como serviço (SaaS) e um armazenamento como serviço (STaaS) a um ritmo acelerado e a baixo custo. A fim de utilizar e aproveitar os benefícios da computação em nuvem, o Governo da Índia lançou uma iniciativa ambiciosa - "GI Cloud" - que foi designada "MeghRaj". O objetivo desta iniciativa é acelerar a prestação de serviços electrónicos no país, optimizando simultaneamente as despesas do Governo com as TIC. Esta iniciativa está a ser gerida pelo Centro Nacional de Informática (NIC) e garante um alojamento seguro e um ambiente de computação em nuvem no governo.

A minha plataforma governamental

Trata-se de uma plataforma de cidadão para governo (C2G) e de governo para cidadão (G2C) em que os cidadãos partilham e trocam ideias e sugestões com o governo. A plataforma promove a participação ativa dos cidadãos na governação e no desenvolvimento. Através desta iniciativa, o governo recebe reacções, contributos e ideias dos cidadãos relativamente a decisões políticas e a novos programas como o Digital India, o Swachh Bharat e o Make in India, etc.

Jeevan Praman

O Jeevan Pramaan é um serviço digital biométrico destinado aos pensionistas. Os pensionistas da administração central, da administração estatal ou de qualquer outra organização governamental podem beneficiar desta facilidade. O programa Jeevan Praman permite que os pensionistas apresentem convenientemente os seus certificados de vida em linha através deste portal. Os certificados são armazenados no Repositório de Certificados de Vida e estão à disposição dos pensionistas e dos organismos pagadores de pensões.

Plataforma PRAGATI (Governação pró-ativa e execução atempada)

PRAGATI (Pro-Active Governance and Timely Implementation) é uma plataforma multiusos e multimodal lançada em 2015. Destina-se a dar resposta às queixas do homem comum e, simultaneamente, a acompanhar e analisar programas e projectos importantes do Governo da Índia, bem como projectos assinalados pelos governos estaduais. A plataforma PRAGATI reúne de forma única três tecnologias de ponta: Gestão de dados digitais, videoconferência e tecnologia geo-espacial. Trata-se de um sistema de três níveis - Gabinete do Primeiro-Ministro (PMO), Secretários do Governo da União e Secretários-Chefes dos Estados. De facto, esta plataforma proporciona transparência e responsabilidade electrónicas com presença e intercâmbio em tempo real entre as principais partes interessadas.

Sistema de cacifos digitais

Digital Locker ou DIGILocker" é o nome dado a um novo serviço de cacifos digitais no âmbito do seu programa Digital India. Este programa visa uma governação sem papel e é uma plataforma para a emissão e verificação digital de documentos e certificados. É concedido um espaço de armazenamento em nuvem dedicado a todos os que se registam na conta Digital Locker. Os utilizadores podem guardar os seus documentos importantes num cacifo seguro em linha. Agora, os utilizadores podem armazenar todos os tipos de documentos "emitidos pelo governo", como o Aadhaar, o cartão PAN e as cartas de condução, etc., em linha. No futuro, o governo quer tornar virtual a maior parte da documentação, apenas para poupar dinheiro e recursos. Para facilitar o processo, este armazenamento está associado ao seu número Aadhar (UIDAI). As organizações registadas no Digital Locker podem enviar cópias electrónicas de documentos e certificados (por exemplo, carta de condução, título de eleitor, certificados escolares) diretamente para os cacifos dos cidadãos. Por conseguinte, no futuro, o DIGILocker reduzirá certamente as despesas administrativas, o tempo e o espaço.

E-Sign - Serviço de assinatura eletrónica em linha

O serviço de assinatura eletrónica (e-Sign) é uma iniciativa inovadora que permite assinar documentos electrónicos de forma fácil, eficiente e segura, autenticando o signatário através dos serviços electrónicos Know Your Customer (e-KYC). Este serviço é útil para obter um novo passaporte, uma ligação móvel, uma ligação de gás, etc. O prestador de serviços integra o serviço de assinatura eletrónica com o serviço de assinatura eletrónica em linha, para que os utilizadores desse prestador de serviços possam utilizar o serviço de assinatura eletrónica. Um formulário ou documento físico em papel, que é atualmente utilizado para obter um certificado de assinatura digital, foi substituído pela sua forma eletrónica, facilitando a assinatura eletrónica do signatário através da assinatura eletrónica. Assim, um titular de Aadhaar pode assinar um documento com a autenticação baseada no Aadhaar e-KYC (e-KYC biométrico) ou com a autenticação OTP, sem necessidade de um dispositivo físico ou de formulários ou documentos em papel.

E-Hospital

O Sistema de Registo em Linha (ORS) é uma estrutura para ligar vários hospitais em todo o país para o sistema de registo e marcação em linha baseado no Aadhaar, onde o sistema de registo e marcação OPD baseado no balcão através do Sistema de Informação de Gestão Hospitalar (HMIS) foi digitalizado.[25] A aplicação foi alojada nos serviços de nuvem do NIC. O portal facilita a marcação de consultas em linha com vários departamentos de diferentes hospitais utilizando os dados eKYC do número Aadhaar. Através deste serviço, o indivíduo pode obter uma consulta com os melhores médicos colocados em todas as ciências médicas da Índia e institutos de pesquisa médica de pós-graduação (PGMRI) on-line através do sistema de autenticação Aadhaar. Em setembro de 2016, 46 hospitais, abrangendo 478 departamentos, prestavam este serviço.

Internet

A Internet ou BharatNet é a espinha dorsal da infraestrutura da Índia Digital, levando a Internet e os serviços de telecomunicações a todos os cantos do país. Está a trabalhar rapidamente para atingir o grande objetivo de ligar todas as aldeias da Índia através de banda larga. A BharatNet é o maior projeto mundial de ligação em banda larga rural utilizando fibra ótica, ligando 2,5 lakh Gram Panchayats, com uma largura de banda mínima de 100 Mbps para cada um. Esta rede será apoiada por uma rede de alta capacidade

Sistema de gestão da rede e centro de operações da rede. Facilitou a implantação da governação eletrónica, da saúde em linha, da educação em linha, da banca eletrónica, da Internet e de vários outros serviços nas zonas rurais da Índia.[26]

Aadhaar

O Aadhaar é um número único de 12 dígitos, emitido pela Autoridade de Identificação Única da Índia (UIDAI), que recolhe os dados biométricos de uma pessoa, como a leitura da íris e as impressões digitais, e informações demográficas, como a data de nascimento e a morada. É o maior sistema de identificação biométrica do mundo, com mais de 1,171 mil milhões de pessoas, ou seja, mais de 99% dos indianos já inscritos no Aadhaar. Pode ser equiparado ao número da Segurança Social dos Estados Unidos, uma vez que tem mais utilizações e menos garantias. O Aadhaar é gerido pela Autoridade de Identificação Única da Índia (UIDAI), que é uma autoridade estatutária criada em janeiro de 2009 pelo Governo da Índia, no âmbito do Ministério da Eletrónica e das Tecnologias da Informação, ao abrigo das disposições da Lei Aadhaar (Targeted Delivery of Financial and other Subsidies, benefits and services) de 2016.

O sistema Aadhaar está a tornar-se a espinha dorsal do programa da Índia digital. Ao associar o Aadhaar ao telemóvel e à conta bancária, o utilizador pode obter facilmente benefícios de vários serviços públicos.

Transferência direta de benefícios

A Transferência Direta de Prestações é uma iniciativa única de reforma do sistema de prestação de serviços do governo através da reengenharia do processo existente nos regimes de segurança social para um fluxo de fundos mais simples e mais rápido e para garantir uma orientação precisa dos beneficiários, a eliminação da duplicação e a redução da fraude. A Transferência Direta de Prestações (DBT) teve início em 1 de janeiro de 2013.[27]

A Transferência Direta de Prestações (DBT) é considerada "um fator de mudança, uma iniciativa de âmbito nacional apoiada na tecnologia que promete alterar a forma como o governo concede direitos aos cidadãos".[28] A transferência de subsídios diretamente para as pessoas através da sua conta bancária ou dos correios é a Transferência Direta de Prestações. O seu objetivo é a transferência atempada de benefícios para o cidadão, introduzindo eficiência, eficácia, transparência e responsabilidade no sistema governamental. Através da DBT, o Governo pretende conseguir a transferência eletrónica das prestações, reduzir os atrasos nos pagamentos e, mais importante ainda, selecionar com precisão os beneficiários, reduzindo assim as fugas e as duplicações.[29] A transferência direta de prestações (DBT) registou progressos significativos nos últimos tempos. Inicialmente, existiam 27 regimes e serviços abrangidos pela DBT, que agora aumentaram para um total de regimes: 395 de 56 ministérios[30] e permitiu uma poupança total de 57 029 milhões de rupias indianas para o erário público.

Governação móvel - Jandhan, Aadhaar e Mobile (JAM) Trinity

A integração de serviços no âmbito da iniciativa "Digital India" constitui um desafio para o governo e para o prestador de serviços. É também um desafio para as pessoas comuns conhecerem os vários programas e saberem como tirar partido deles. Para ultrapassar estas limitações, o governo iniciou uma abordagem integrada sob a forma de contas Jandhan, Aadhaar e telemóvel, popularmente conhecida como governação móvel ou trindade JAM. A JAM, ou seja, Jan Dhan, Aadhaar e Mobile, são facilitadores da transferência direta de benefícios (DBT) e utilizam tecnologias modernas. O Governo está pronto para prosseguir uma visão única e ambiciosa de conetividade "mil milhões, mil milhões, mil milhões". Isto significa que mil milhões de números Aadhaar únicos estarão ligados a mil milhões de contas bancárias e mil milhões de telemóveis.[31] Assim, a abordagem do governo consiste em introduzir eficiência, eficácia, transparência e responsabilidade no sistema governamental e infundir confiança nos cidadãos relativamente à governação. A utilização definitiva de tecnologias modernas e de ferramentas informáticas permitirá concretizar o sonho de "governação máxima, governo mínimo".

Com a ajuda de aplicações no telemóvel, qualquer pessoa pode usufruir dos serviços e benefícios do governo através do método de autenticação Aadhaar e os benefícios serão transferidos automaticamente para as contas individuais. Várias aplicações dos governos foram integradas numa aplicação conhecida como UMANG, que está disponível nas plataformas Android e iOS, pelo que o utilizador ou beneficiário não precisa de descarregar todas as aplicações no seu smartphone. Ao pesquisar a aplicação, um indivíduo pode obter o serviço desejado através desta aplicação no seu smartphone.

Índia Digital e Desmonetização - Sociedade com menos dinheiro

A desmonetização das notas de 500 e 1000 rúpias foi uma decisão política tomada pelo Governo da Índia através da sua nota n.º 2652 de 8 de novembro de 2016, que decidiu suspender o curso legal das notas de 5000 e 1000 rúpias de elevada denominação. A decisão foi tomada para travar o financiamento do terrorismo através do produto das notas falsas da moeda indiana, a fim de eliminar o dinheiro negro.[32] Após a desmonetização, o PIB registou uma quebra. Diferentes instituições financeiras e agências de notação de risco previram que, devido à desmonetização, o PIB do país se situaria entre 7 e 7,5. Com a aplicação do imposto sobre bens e serviços no país, o PIB desceu para menos de 6%. Tanto a desmonetização como a aplicação do imposto sobre bens e serviços proporcionaram uma oportunidade de ouro aos decisores políticos para tornar a economia digitalizada, transparente e mais formal. As transacções financeiras em qualquer economia são provavelmente a maior motivação para a digitalização. Diminuem a dependência das transacções em numerário e recorrem aos pagamentos digitais. Após a medida de desmonetização, é agora obrigatório manter uma conta bancária. O processo pode trazer mais consumidores e clientes para a rede financeira, aumentando assim a inclusão financeira e a rede fiscal.

Com a ajuda das tecnologias modernas e das portas de transação, é possível efetuar transacções financeiras em linha que são mais fáceis de acompanhar. As transacções em linha e os pagamentos digitais são convenientes tanto para os banqueiros como para os clientes. Como parte do impulso à digitalização, o sector governamental criou um sistema de pagamento baseado na identificação Aadhaar, a aplicação Bhim, a interface de pagamentos unificada (UPI), uma infraestrutura de pagamentos digitais segura e sem descontinuidades e, do mesmo modo, no sector privado, lançou também o Paytm, o Jio pay, o Tez da Google, etc. e muitos outros, dando um impulso às transacções digitais. Do mesmo modo, as transacções GST são controladas em linha através do portal GSTN. Estas iniciativas facilitarão a adoção de pagamentos digitais numa base sustentada e contribuirão para poupanças substanciais para o país em termos de redução do custo do numerário no sistema e de um aumento da responsabilização e da facilidade de transação, contornando assim a evasão fiscal. Embora seja importante envidar esforços para aumentar a aceitação dos pagamentos digitais. A desmonetização fez com que os pagamentos digitais aumentassem entre 400 e 1 000 por cento desde 8 de novembro de 2016. De acordo com os dados do Banco da Reserva da Índia (RBI), entre novembro de 2016 e setembro de 2017, tiveram lugar no país 933 mil milhões de transacções electrónicas, num montante de 12,13 mil milhões de rupias. O volume de transacções electrónicas atingiu um pico em dezembro de 2016, com 95,75 crore. Em termos de valor, atingiu o pico de 1,49 milhões de rupias em março de 2017. De acordo com os dados oficiais, em setembro de 2017, registaram-se 87,7 milhões de transacções electrónicas, envolvendo um montante total de mais de 1,24 milhões de rupias.

Desafios da Índia digital

A iniciativa "Digital India" é um dos maiores programas do Governo da Índia, que tem como objetivo envolver o governo com os cidadãos e a indústria para transformar a Índia numa sociedade digitalmente capacitada e numa economia do conhecimento. Trata-se de um programa de infra-estruturas abrangente, uma vez que engloba todas as máquinas e departamentos governamentais. O programa visa igualmente criar uma democracia verdadeiramente participativa com a utilização da tecnologia digital, uma vez que o seu objetivo é ligar mais de 130 milhões de indianos ao seu governo, de modo a que possam usufruir dos serviços e benefícios da administração pública em tempo real e também obter rapidamente a reparação das suas queixas. Apesar disso, a iniciativa "Digital India" depara-se com os seguintes problemas: -

1. Ligar a Índia rural

O programa tem como objetivo ligar cerca de 250 000 Gram Panchayats (governo rural) até dezembro de 2016. No entanto, ligar 250000 Gram Panchayats através da rede nacional de fibra ótica (NOFN) não é uma tarefa fácil. Até à data, apenas cerca de um por cento das aldeias estão ligadas à Internet através da rede nacional de fibra ótica (NOFN). Além disso, a penetração da Internet nas zonas rurais é de apenas quinze por cento, o que constitui o maior desafio para o êxito da Índia Digital.

2. Literacia digital e fratura digital

Por literacia digital entende-se a capacidade dos indivíduos e das comunidades para compreenderem e utilizarem as tecnologias digitais com vista a uma participação efectiva no processo democrático e de desenvolvimento. No entanto, a falta de conhecimentos digitais entre as pessoas, especialmente nas zonas rurais, pode dificultar o êxito do programa. É também evidente que, devido à falta de infra-estruturas nas zonas rurais, as pessoas não têm acesso efetivo às tecnologias digitais e da informação, pelo que não podem beneficiar de vários regimes e serviços, em comparação com as pessoas que vivem nas cidades.

3. Proteção e controlo da informação governamental

As iniciativas "Digital India" levaram ao arranque de uma série de projectos pelo Governo do Estado e pelo Governo Central com a ajuda de várias agências. Os organismos governamentais têm de manter um controlo de segurança estratégico (SSC) para proteger as informações e os dados sensíveis do departamento. Recentemente, foi noticiado que algumas pessoas roubaram informações do servidor Aadhaar. Estas violações do sistema de segurança do Aadhaar podem ser perigosas para todo o programa da Índia digital.

4. Política de comunicação ou de correio eletrónico

Os funcionários públicos não podem enviar informações e dados através de correio eletrónico de prestadores de serviços privados. A polémica de Hillary Clinton por misturar as suas contas pessoais e profissionais é um exemplo bem conhecido neste contexto. Embora o Governo da Índia tenha formulado, em 2014, uma política de correio eletrónico para o envio de comunicações oficiais, muitos funcionários de diferentes departamentos estão a recorrer ao envio de informações através de correio eletrónico, utilizando fornecedores de serviços privados como o gmail ou o yahoo. Esta situação é contrária às disposições da lei sobre a tecnologia da informação e também a várias disposições da política de correio eletrónico do Governo. O governo já emitiu diretivas no sentido de não utilizar serviços privados para comunicar com os governos, uma vez que tal pode comprometer a segurança da nação. O programa "Digital India" não se centra nestas questões e exige também um enorme investimento na construção de infra-estruturas.

5. Cibersegurança

O conceito de governação eletrónica inclui a interface entre o governo e o cidadão e entre o cidadão e o governo. A interface governamental fornece informações úteis para os cidadãos. Ambas as interfaces devem estar livres de qualquer intervenção cibernética externa. A ciberintervenção de piratas informáticos pode ser perigosa para a própria existência da governação. Por conseguinte, é necessário um controlo contínuo dos dados no interior do computador e a nível dos serviços. Os serviços não podem fugir à sua responsabilidade. Ao adotar a política de administração em linha, é da responsabilidade do serviço centrar-se nas questões de segurança e proteção dos dados.

Conclusão

Com a adoção da Agenda 2030 para o Desenvolvimento Sustentável, a Índia está empenhada em transformar o país. A Agenda 2030 é centrada nas pessoas e inclui Objectivos de Desenvolvimento Sustentável (ODS) universais. A realização destes objectivos no país para criar sociedades pacíficas, justas e inclusivas depende de instituições eficazes, responsáveis e inclusivas, infra-estruturas e processos adequados. Todas as instituições são necessárias para cumprir a agenda para a aspiração nacional. Estas instituições devem mobilizar a sociedade e todas as partes interessadas na implementação dos Objectivos de Desenvolvimento Sustentável (ODS). As capacidades e a inovação são necessárias para promover a política de integração, reforçar a responsabilização pública, promover a participação para sociedades mais inclusivas, bem como garantir serviços públicos equitativos e eficazes para todos, em especial para os grupos mais pobres e vulneráveis. As TIC e a administração pública em linha são instrumentos importantes para atingir estes objectivos.

A governação empenhada, associada à utilização da tecnologia, tem efetivamente o potencial de transformar a administração pública, tornando-a mais transparente, responsável, acessível e participativa. Além disso, a tecnologia digital pode capacitar as pessoas, mas tudo isto necessita de infra-estruturas maciças nas zonas rurais e urbanas da Índia. O programa "Digital India" procura colocar a tónica na governação eletrónica e transformar a Índia numa sociedade digitalmente capacitada. Podemos facilmente observar, a nível mundial, que a tecnologia tem sido o maior facilitador da transformação maciça nos sectores público e privado. Dada a complexidade da implementação a uma escala tão grande e o âmbito sem precedentes do projeto, é fundamental escolher tecnologias disruptivas e emergentes, que tenham um alcance maciço, possam ser personalizadas e sejam omnipresentes por natureza. Tendo em conta os prazos envolvidos, a implementação teria de ser efectuada de forma simples e ágil, para além de ser rentável e segura. No entanto, isto exige um enorme investimento direto nacional e estrangeiro no programa Índia Digital. A visão da Índia Digital para desenvolver tecnologias como a "computação em nuvem, a mobilidade e a análise" no país e prestar serviços públicos a 1,3 mil milhões de pessoas exige um papel mais assertivo do sector público e do sector privado. Existe uma oportunidade significativa para o sector privado participar no programa "Digital India". No entanto, para tal, é necessário criar um ambiente favorável ao sector privado e, em especial, aos novos operadores. De entre as 189 principais economias analisadas pelo Banco Mundial, a Índia ocupa a posição 142 no índice de facilidade de fazer negócios. Embora o governo tenha adotado várias iniciativas para melhorar esta situação, muito mais tem de ser feito para o investimento no país. Na era da nova gestão pública, sabemos que a dimensão do governo e da administração está a diminuir, mas a administração está sempre empenhada em fazer chegar aos cidadãos os benefícios dos seus vários programas e serviços através da aplicação da tecnologia. O êxito do programa depende, no entanto, de uma regulamentação e execução adequadas, da capacitação dos cidadãos, do reforço da literacia digital e do desenvolvimento de competências, da eliminação do fosso digital, da garantia da cibersegurança e da privacidade, etc. Estas medidas são essenciais não só para o crescimento inclusivo, mas também para a construção de uma economia do conhecimento no país.

Referências

1 https://en.wikipedia.org/wiki/Digital Índia

2 http://www.cmai.asia/digitalindia/

3 Relatório sobre os Objectivos de Desenvolvimento do Milénio, País Índia 2015, Divisão de Estatísticas Sociais, Gabinete Central de Estatísticas, Ministério das Estatísticas e da Implementação de Programas, Nova Deli, 2015, p6

4 http://en.wikipedia.org/wiki/Open data#Dados abertos na administração pública

5Documentação do Manual de Dados Abertos, versão 1.0.0, Open Knowledge Foundation,

6 Fonte: http://resource.org/8 principles.html

7 http://en.wikipedia.org/wiki/Open governo

8 Andrew McDonald(2007), 'Open Government' in Encyclopedia of Governance Vol.-II, Bevir, Mark (Edited) Sage Publication, p 635-36

9 http: / / data.gov.in/sites / default/files/brochure.pdf

10 http://www.bbnl.nic.in/content/faq/national-optical-fibre-network.php

11 http://meity.gov.in/open-data

12 Dr. ShriramMaheshwari, (1981), Open Government in India, Macmillan India Limited, New Delhi, p 61

13 U.C Agarwal, Governance and Administration: An Insider View, Instituto Indiano de Administração Pública e Kanishka Publishers, Distribuidores, Nova Deli, 2010, P. 284-285

14http://deity.gov.in/sites/upload files/dit/files/Framework%20for%20Citizen %20Engagement%20in%20N eGP.pdf

15 http://deity.gov.in/content/national-e-governance-plan

16 http://www.narendramodi.in/%E2%80%9Csuraj-sankalp%E2%80%9D- national-convention-keynote-address-by-hon%E2%80%99ble-cm/

17 Departamento dos Assuntos Económicos e Sociais, Inquérito das Nações Unidas sobre a administração pública em linha, 2016 P 49

18 http://meity.gov.in/writereaddata/files/Brochure.pdf

19 Compilado a partir de http://www.digitalindia.gov.in/content/vision-and-vision-áreas

20 Ministério da Eletrónica e das Tecnologias da Informação, Eletrónica e Tecnologias da Informação - Relatório Anual 2016-17,P 81

21 http://digitalindia.gov.in/content/programme-pillars

22 https://en.wikipedia.org/wiki/Digital Índia

23 http://www.digitalindia.gov.in/content/management-structure

24 http://www.ebiz.gov.in/content/aboutus

25 https://ors.gov.in/index.html

26 http://meity.gov.in/writereaddata/files/Brochure.pdf

27 https://dbtbharat.gov.in/page/frontcontentview/?id=MTc=

28 http://www.business-standard.com/article/economy-policy/direct-benefits- transfer-how-the-game-has-changed-113013100068 1.html

29 https://pfms.nic.in/NewDefaultHome.aspx

30 https://dbtbharat.gov.in/scheme/schemelist

31 https://timesofindia.indiatimes.com/india/next-1-billion-uids-accounts-and-mobiles/articleshow/61696749.cms

32 CA (Dr.) Khusbhboo Jain, The War on Cash Demonetization, Education Publishing, Nova Deli, 2017, p1

MIX
Papier aus verantwortungsvollen Quellen
Paper from responsible sources
FSC® C105338

Printed by Books on Demand GmbH, Norderstedt / Germany